寻宗

吴铮强

——著

中华书局

图书在版编目(CIP)数据

寻宋/吴铮强著. —北京:中华书局,2020.8
ISBN 978-7-101-14620-2

Ⅰ.寻… Ⅱ.吴… Ⅲ.中国历史-宋代-文集
Ⅳ.K244.07-53

中国版本图书馆 CIP 数据核字(2020)第 112384 号

书　名	寻　宋	
著　者	吴铮强	
责任编辑	董邦冠	
出版发行	中华书局	
	(北京市丰台区太平桥西里 38 号　100073)	
	http://www.zhbc.com.cn	
	E-mail:zhbc@zhbc.com.cn	
印　刷	北京市白帆印务有限公司	
版　次	2020 年 8 月北京第 1 版	
	2020 年 8 月北京第 1 次印刷	
规　格	开本/880×1230 毫米　1/32	
	印张 10¼　字数 150 千字	
印　数	1-6000 册	
国际书号	ISBN 978-7-101-14620-2	
定　价	58.00 元	

目　录

如南宋人王明清在笔记《玉照新志》里说，上元驿就是宋太祖发动兵变的"陈桥驿"，后来又改为迎接辽使的"班荆馆"。其实这是三个并存的不同地方，都亭驿在城内，陈桥驿在东京陈桥门外东北30里，班荆馆在封丘门外稍东。

979年赵光义灭北汉并彻底毁灭晋阳城之后，在他的驻跸地，即晋阳城东偏北约20里、今天的马练营村附近建起"平晋城"，面积不足晋阳城的二十分之一。不久赵光义又令潘美在晋阳城北40里处的唐明镇新建一座府城，后来发展为今天的太原市。

《辽史》记载，杨业被俘于狼牙村。今朔州西南10余公里处有狼儿村，寻访陈家谷时，往往会认定此即狼牙村，凑巧附近数公里外又有陈家窑，或认为这里就是陈家谷。

兴公路接近，在单家集一带汇入葫芦河，宋军大致就在单家集附近被歼灭，任福、桑怿等主将力战而死。据说，好水川西端数里有"王庄"，王庄有土崖夹着一层宋夏战争留下的白骨，附近立有"好水川古战场遗址"碑，现为县级文保单位。

狄青的前途和末路：桂林平蛮三将碑/116

今天桂林月牙山龙隐洞还保存着皇祐五年（1053）刻石的"平蛮三将题名碑"，记述平定侬智高的经过，狄青、孙沔、余靖三军将士的职官姓名，战后对地方的善后政策，以及对立功将士的加官论赏。

欧阳修是快乐的：滁州醉翁亭/126

至于醉翁亭景区，北宋欧阳修守滁后盛极一时，政和年间开始衰落，宋金战争时毁于兵火。绍兴二十年（1150）醉翁亭重建后稍有恢复，开禧北伐时又遭金兵焚毁。元代醉翁亭曾有重修，明代再次兴盛，有记载的重建葺治就有七次，并由东而西形成了醉翁亭、二贤祠、冯公祠、宋宝斋、皆春亭、见梅亭等组成的建筑群，文人题咏层出不穷。

离人最累是乡愁：永丰《泷冈阡表》碑/143

欧阳阿姨是欧阳修的后人，人很热情，带领我们进内参观。西阳宫正门上"西阳宫"三字传为康熙御笔，而门后的"柱国冢宰"传为文天祥手书，西阳宫内的主建筑为欧阳文忠公祠，这是一个四合院式的建筑，内部有欧阳修的塑像，还有欧阳一族的世系表。

韩琦富贵归故乡：安阳昼锦堂 / 157

宋仁宗至和元年（1054），出镇并州的韩琦操劳过度，重病缠身，请求朝廷派太医齐士明为其治疗，随后又在齐士明建议下请求回相州家乡静养。韩琦的这些请求有点过分，但宋仁宗一一满足。1055年韩琦第一次出知相州，并在相州署衙拓建园池，包括康乐园与昼锦堂。

制造周敦颐：庐山爱莲池 / 171

现在庐山市紫阳南街"周瑜点将台"东侧的爱莲池景区，与朱熹当年刻石的爱莲馆不知有何关联。所谓的周瑜点将台更像明清时期的军门楼，爱莲池景区重建的临池建筑则称为爱莲轩。在点将台城楼上，我们不经意间发现真正的宋代文物，就是朱熹推崇的刘凝之及其夫人的墓志铭。

何处觅荆公：莆田木兰陂 / 187

王安石执政期间，全国兴修或修复农田水利10793处，溉田361178顷，当时水利设施理应遍布全国。今天可以寻访到的熙宁年间兴修的水利工程，当数福建莆田木兰溪木兰陂最为壮观。

士大夫政治消亡史：登封嵩阳书院 / 202

嵩阳书院内现存的宋代文物，只有讲堂西壁的《元始天尊说北方真武妙经》石碣，西碑廊的文潞公（文彦博）游嵩阳书院碑、黄庭坚诗书碑等。其中《元始天尊说北方真武妙经》石碣刻于元符二年（1099），画者武宗孟、书丹宋溥及刻碑张士宁都是当时的名家。

赵匡胤的永昌陵除了祔葬宋皇后，还有侄媳即宋真宗潘皇后的陵墓，赵光义的永熙陵祔葬明德李皇后与宋真宗的生母元德李皇后，还有儿媳即宋真宗郭皇后的陵墓。

读史十万里

一、寻宋，什么情况

2015年3月，我和好友老沈开启了"寻宋"之旅。四年之间，我们走过的行程近10万华里。

寻宋的缘由说来话长。2013年，我在巴黎洋插队，浙江大学历史系的陈新教授在莱顿大学访学，约我穷游欧洲，和我们一起出游的，还有莱顿大学的罗马史博士王忠孝。途中我们聊起了公众史学的实践项目，提及我与老沈正在搭建的以"历史真好玩"为口号的"鱼汤网"。之后，老沈参与了陈新教授浙江大学公众史学研究中心的筹建工作，共同摸索历史旅游项目。经陈新教授介绍，老沈又邀请德堡大学罗马史教授刘津瑜女士担任古希腊、古罗马之旅的专业向导。不过老沈对旅游本身的热情远甚于项目开发，后来历史旅游项目没了下文，倒是策划过一些历史游学图书，其中包括陈新教授提到的以朝代为主题的历史游学创意。这应该是寻宋最早的灵感源头。

将这个创意转化成2015年以来的寻宋之旅，还有其他一些机缘。有一段时间，或许是对日常生活过于熟悉的缘故，把自己放逐到某种陌生环境的念头越来越强烈。这时澎湃新闻网的饶佳荣先生来访，想了解《龙泉司法档案》项目的相关情况。聊着聊着，我跟他提到了寻宋计划，引起了他的兴趣。当时我还说不出所以然来，只是觉得寻宋会有一些学术或文化意义，并没有具体的写作计划。我感觉需要走很久，去过很多地方，才会知道自己能不能写点什么，能怎么写。

但即使什么也不写，也要到远处走走，让自己处在一种寻访、行走的状态中。

二、我和老沈

寻宋之旅，老沈这位"驴友"不可缺少。

"他是我幼儿园的同学。"我通常这样介绍老沈。老沈原名沈波涛，私下我们叫他"葡萄"，这是他小学时代的绰号。还有一位绰号"押司"的老同学，偶尔也会参加我们的寻宋。我们仨自幼是玩伴。小学五六年级时，我们瞒过家里，坐火车从小镇到杭州一日游，然后若无其事地回家吃晚饭。这是我们最早结伴出行的记录。

老沈是我幼儿园、小学及初中一年级的同班同学，高中时同校不同班。大学时代，他在苏州，我在杭州，专业都是历史学专业。大学毕业后，我们都在杭州工作，还合租过一年。然后他回家乡工作，我读研究生。我留校工作若干年后，寓居浙江大学紫金港校区，老沈在杭州购置学区房，住在了紫金港校区门口。老沈是典型的历史系男生，传说中"万金油"式的人物，明星八卦、游戏汽车、天文地理、政治经济，他无一不知。

老沈对旅游是真爱，已经走遍了中国34个省级行政区，下一个目标是看遍首批国保。他是地理迷，小学时他跟父母到北京旅游，帮父母安排好了全部行程，这是他多年来一直夸耀的事情。他有丰富的长途自驾经验，在没有导航的年代，就能凭一本地图集纵横全国。和他相比，我差不多是路盲，脱离导航去任何陌生地方都是不可想象的事情。

大概是老沈在杭州买学区房前后，我们开始相约旅游。最初一次旅行是2011年9月的河北之旅，这次旅程包括蓟县独乐寺观音阁、承德外八庙、山海关与秦皇岛等。之后老沈参加过我们工作团队的河西走廊考察，以及我们的古希腊、古罗马之旅。当我提出一起进行寻宋之旅时，老沈欣然同意。他的额外要求是寻宋之余，也顺便探访其他名胜，这当然是个很好的建议。

三、寻宋何处

日本僧人成寻（1011—1081）的《参天台五台山记》是最近宋史研究的一个热点。成寻往来天台经过海宁长安镇，在日记中留下现存宋代文献中对长安闸、坝交通方式最详尽的描述，成为海宁市"大运河（长安闸）遗产展示馆"布展的重要史料依据。长安镇是我和老沈的家乡，我一直想在寻宋系列中写一篇关于长安闸的小文，可惜对交通、考古了解有限，写一些童年记忆则有些离题，不如由此做个引子，谈谈"寻宋何处"的问题。

年少时，我就知道海宁中学的"三女堆"是东汉遗存，街市中心的虹桥是明清古迹，但对于长安镇是千年古镇并没有确切的概念。我家就在上闸桥边上，上小学时一般走中街，经过虹桥下的"反帝桥"到学校。沿河去学校路程更近，在河边，可以看到机械牵引的翻水坝上，下塘河的船置于铺满橡皮轮胎的铁筏之上，正被拖曳过坝。这些场景清晰印在记忆里，只是从未想到翻水坝与上闸桥还是宋代古迹，后来还成为世界文化遗产。

后来了解到宋代的长安闸坝、明清的长安米市、太平天国运动中长安镇的战乱等历史知识，发现就读的小学曾是热闹非凡的胡公庙，而今天长安镇的居民主要是太平天国运动以后周边县市的移民。这让我意识到，历史往往是断裂的，日常生活中历史记忆可能非常简短。

回到长安镇的现场，宋代长安闸坝的历史信息，其实在不同的社会文化脉络中得到了重现。

首先是纪念场馆。海宁市政府为宣传世界文化遗产，在虹桥下新建"大运河（长安闸）遗产展示馆"。这里最早是大会堂兼剧场，姜昆曾在这里有过专场演出，后来改成电影院，再后来是家具厂。寻宋途中，我不时对老沈感叹一句："没想到我们自幼生活在世界文化遗产里呢。"——但这种历史感并不源于小镇居民的历史记忆，而是文化全球化复杂机制的意外产物。

其次是文物遗迹。郑嘉励在《长安坝》中写道："2012年，为了配合大运河'申遗'，我在长安住过半年，任务之一，是把长安老坝发掘出来。"那年长安闸、坝之间的河水被抽干，"掘出来"的无非是闸、坝遗址的几处石槽，拍完照片又淹没在河水之下。如今可以端详、触摸的长安坝文物，只有立于坝上的清光绪八年（1882）的"新老两坝示禁勒索碑"，可以追溯百余年的时间。

最后是历史现场。如果既没有纪念场馆，文物遗迹也毫无踪迹，那么关于长安闸、坝的"寻宋"，便只有读着成寻的日记或杨万里的诗句，来到一个叫长安镇的地方，在河道上找到一座被称为"上闸"的桥，在那里拍照留念，发思古之幽情。

理想的状态，历史事件发生地、文物遗迹、纪念场馆应该三位一体，但事实上三者属于不同社会文化脉络的产物，往往此起彼伏。文物遗迹是历史穿越至今的存在；所谓"事件"是史家文字记述的结果，史书上大书特书的事件，现场往往一无所有；至于纪念场馆，则是后世出于特定目的对历史的偶然回应。

比如在地上文物最多的山西，被赵光义水淹的北汉晋阳城已难觅踪迹，杨业兵败的陈家谷口也不知所终，这是历史现场。山西的宋代文物首推晋祠，又有定襄洪福寺、原平惠济寺、忻州金洞寺等佛教遗迹，它们很少进入历史的宏大叙事，往往地处荒僻，人迹罕至。代县雁门关景区内外杨业的塑像与祠庙属于纪念场馆，寄托的是对历史的情感和情怀，但雁门关本身却是明清建筑。

因此寻宋的目标也分为三种类型：1.宋代历史大事发生地；2.国家级或省级重点文物保护单位中的宋代文物；3.宋代名人遗址或文化纪念场馆（含墓地）。以下是最初开列的寻宋清单：

1. 宋代历史大事发生地

（1）陈桥兵变：河南封丘

（2）灭北汉：山西太原

（3）高梁河之战：北京

（4）杨业兵败陈家谷：山西宁武

（5）澶渊之盟：河南濮阳

（6）真宗封禅：山东泰安

（7）宋夏战争：宁夏固原、陕西延安

（8）元祐党争：河南登封

（9）宋江起义：山东梁山

（10）方腊起义：浙江淳安

（11）靖康之变：河南开封

（12）高宗登基：河南商丘

（13）仙人关之战：甘肃徽县

（14）朱仙镇大捷：河南朱仙镇

（15）南宋偏安：浙江杭州

（16）采石之战：安徽马鞍山

（17）蒙哥之死：重庆钓鱼城

（18）襄阳之战：湖北襄阳

（19）文天祥被俘：广东伶仃洋

（20）崖山海战：广东新会

2. 属于宋代遗迹的文物保护单位

（1）巩义宋陵

（2）开封繁塔、铁塔、《开封府题名记》碑

（3）雄县古战道

（4）正定隆兴寺

（5）定县开元寺塔

（6）大名《御制大观五礼之记》碑

（7）太原晋祠

（8）应县木塔

（9）银川西夏王陵、承天寺塔

（10）大足石刻、安岳石刻

（11）赣州城墙

（12）苏州文庙宋代石刻、玄妙观三清殿、保圣寺罗汉塑像

（13）泉州洛阳桥、草庵、老君岩造像、伊斯兰教圣墓

（14）莆田元妙观三清殿、木兰陂

（15）桂林龙隐岩摩崖

（16）阳江南海一号南宋沉船

（17）杭州六和塔

（18）湖州飞英塔

（19）宁波南宋石刻博物馆及史氏家族墓葬群、保国寺

（20）绍兴宋六陵

3. 宋代名人遗址或文化纪念场馆

（1）苏轼：黄冈赤壁、黄冈苏东坡纪念馆，眉山三苏祠、苏洵家族墓，杭州苏堤、杭州苏东坡纪念馆，惠州西湖六如亭，常州苏东坡纪念馆

（2）朱熹：建阳朱熹墓、考亭书院，上饶朱熹纪念馆，武夷山朱熹纪念馆，婺源朱熹祖墓

（3）欧阳修：郑州欧阳修墓、滁州醉翁亭、永丰西阳宫

（4）范仲淹：洛阳范仲淹墓、苏州范仲淹纪念馆、邓州花洲书院

（5）岳飞：汤阴岳庙、杭州岳庙、朱仙镇岳庙

（6）王安石：抚州王安石纪念馆，宁波王安石祠、庙，南京半山园

（7）文天祥：吉安文天祥墓、海丰方饭亭、温州文天祥祠

（8）二程：洛阳二程墓、登封嵩阳书院

（9）杨业：雁门关

（10）胡瑗：湖州胡瑗墓

（11）周敦颐：九江周敦颐墓

（12）张载：眉县张载祠

（13）包拯：合肥包拯墓

（14）曾巩：抚州曾巩纪念馆

（15）司马光：夏县司马光墓

（16）韩世忠：苏州韩世忠墓

（17）陆九渊：抚州陆九渊墓

（18）陆游：绍兴沈园

（19）理学：铅山鹅湖书院、九江白鹿洞书院、长沙岳麓书院、商丘应天书院

以上清单勾勒了寻宋计划的整体格局，实际的寻宋行程受时间、交通等各种因素的影响。除专程寻访以外，寻宋也包括家庭旅游或学术活动的顺访，以及杭州宋史学人专题考察等不同类型。最近整理照片，发现长短不一的寻宋之旅有四十余次，实际寻访内容远不止以上所列，不过也有一些最初的计划至今尚未完成。

四、四十次行程

我与老沈同行的寻宋之旅有二十余次，其中周边自驾七次，高铁、航班抵达后租车寻访十四次。具体包括：

一、2015年3月2日，杭州宝石山。寻宋目标：牛皋墓、紫云洞、岳王庙（岳飞墓）、半闲堂（半闲亭、抱朴道院红梅阁）、保俶塔、大石佛院造像。步行约10公里。

二、2015年3月12日，湖州。寻宋目标：胡瑗墓、铁佛寺、飞英塔、月河街、子城遗址、大小玲珑山、弁山黄龙洞、霅溪。周扬波教授及当地文人雅士陈先生、画家钟先生、考古工作者莫君等陪同出游，自驾约200公里。

三、2015年3月28日—29日，上海。寻宋目标：龙华塔、法华塔、州桥、嘉定孔庙（科举博物馆）、秋霞圃（邑庙）、古漪园、云翔寺双塔、方塔园（兴圣教寺塔）、李塔。高铁往返，上海市内

公共交通约150公里。

四、2015年4月7日—12日，赣州、吉安、上饶等。寻宋目标：赣州通天岩、赣州城墙、郁孤台、八镜台、建春门浮桥、夜话亭石碑、赣州文庙及慈云塔，吉安白鹭洲书院、永丰沙溪镇西阳宫、欧阳观墓、文天祥陵园、净居寺、吉州窑遗址，上饶铅山鹅湖书院。高铁往返，当地公共交通约1100公里。

五、2015年4月29日—5月5日，银川、武威、固原。寻宋目标：银川承天寺塔、西夏王陵，武威"凉州重修护国寺感应塔碑"、武威文庙、大云寺，固原大营古城、定川寨遗址（上店子古城址）、好水川遗址。顺访镇北堡影视城、宁夏博物馆、鸠摩罗什寺、天梯山石窟、秦长城遗址等。航班往返，当地公共交通及租车自驾结合，约2000公里。

六、2015年7月4日—6日，马鞍山、宣城。寻宋目标：马鞍山采石矶、宣城敬亭山广教寺双塔。顺访朱然墓、李白墓等。全程自驾约700公里。

七、2015年7月14日—21日，登封、巩义、开封、封丘、郑州。寻宋目标：登封中岳庙、嵩阳书院、崇福宫、初祖庵，巩义宋陵，开封铁塔、繁塔、龙亭、大梁门与朱雀门遗址、包公祠、开封府、大相国寺、开封博物馆，朱仙镇岳飞庙、清真寺，封丘陈桥驿。顺访嵩岳寺塔寺名胜约十处。高铁往返，当地自驾约650公里。

八、2015年7月29日—8月2日，泰安、曲阜。与老沈同行亲子游，顺访景灵宫遗址、寿丘等宋代遗迹，泰山、岱庙、周公祠、孔庙均有宋真宗遗迹。高铁往返，当地行程约200公里。

九、2015年9月6日—13日，定州、保定、石家庄、赵县、濮阳、汤阴、安阳。寻宋目标：定州开元寺塔，雄县古战道，赵县大观圣作之碑、陀罗尼经幢，大名石刻博物馆《御制大观五礼之记》

碑，濮阳回銮碑，汤阴岳飞庙、昼锦堂。顺访殷墟等名胜近二十处。航班往返，当地自驾约1500公里。

十、2015年10月17日—23日，太原、五台、代县、应县、朔州、忻州。寻宋目标：太原晋阳古城遗址、晋祠，定襄关王庙、洪福寺，繁峙岩山寺，代县雁门关、新旧广武城，朔州崇福寺，应县木塔，原平惠济寺，忻州金洞寺。顺访五台山名胜。航班往返，当地自驾约1300公里。

十一、2016年2月15日—17日，江门、阳江、珠海。寻宋目标：江门崖山海战旅游区，阳江海陵岛南海一号沉船博物馆、张世杰墓，外伶仃岛。顺访开平碉楼群等。航班往返，当地自驾约1000公里。

十二、2016年3月25日—28日，重庆、大足。寻宋目标：重庆合川钓鱼城遗址、涞滩古镇、二佛寺摩崖造像，大足石刻。航班往返，当地自驾约500公里。

十三、2016年6月9日—11日，宁波。寻宋目标：南宋石刻公园、忠应庙（王安石纪念馆）、大运河水则碑、宝奎巷高丽使馆、保国寺。全程自驾约600公里。

十四、2016年11月18日—20日，襄阳、黄冈。寻宋目标：襄阳古城、米公祠、李曾伯纪功铭，黄冈赤壁、苏东坡纪念馆、安国寺。顺访钟祥明显陵等。高铁往返，当地租车自驾约800公里。

十五、2017年1月23日，大理。与老沈同行家庭游，顺访元世祖平云南碑。

十六、2017年2月18日—20日，苏州。寻宋目标：吴江东庙桥、天平山范文正公忠烈庙、灵岩山韩世忠墓、紫金庵罗汉像、苏州文庙宋碑、沧浪亭、景范中学（范氏义庄）、玄妙观。全程自驾约450公里。

十七、2017年6月2日—11日，盱眙、徐州、济南、商丘、滁州。寻宋目标：盱眙第一山、徐州黄楼、济南灵岩寺、东平水泊梁山风景区、商丘应天书院、滁州醉翁亭。顺访嘉祥武氏墓群石刻等众多古迹。全程自驾约2500公里。

十八、2017年9月28日—10月1日，福州、莆田。与老沈等分别旅行，老沈行程又包括泉州。寻宋目标：福州华林寺大殿、鼓山摩崖、长乐圣寿宝塔，莆田元妙观三清殿、释迦文佛塔、木兰陂、仙游万寿塔、湄洲岛妈祖庙，泉州洛阳桥、文庙、伊斯兰教圣墓、清源山石造像群、九日山摩崖石刻、安平桥。全程自驾约2500公里。

十九、2018年4月7日—11日，九江。带学生实习，老沈同行。寻宋目标：周敦颐墓、观音桥、岳母墓、爱莲亭、落星墩、石钟山、浔阳楼、东林寺、白鹿洞书院。全程自驾约1500公里。

二十、2018年7月28日—8月5日，安岳、汉中、徽县、广元、阆中、眉山。与包伟民老师、陈晓燕老师及老沈同行。寻宋目标：安岳石窟、汉中东塔、徽县仙人关遗址、广元剑门关、阆中张宪祠、成都王建墓、眉山三苏祠和苏洵家族墓。顺访三星堆等。航班往返，当地自驾约2500公里。

二十一、2019年4月28日，长兴、德清。寻宋目标：长兴章惇墓、韩彦直墓，德清寿昌桥、防风氏祠。顺访谢安墓等。全程自驾约350公里。

以上寻宋行程仅自驾及公共交通约2万公里，计入航班、高铁的长途往返则不下5万公里，可折10万华里。

此外，因参加学术会议、考察或其他学习活动顺访宋代遗迹有五次：2015年5月北京首都师范大学学术会议，西直门外寻访高梁河战役故地；2015年11月延安学习活动，顺访宝塔山"嘉岭山"等摩崖题刻；2016年4月，张小也教授组织麻城学术考察，顺访陈愷墓等；2017年12月深圳大学学术会议，顺访宋少帝（赵昺）陵；2019年3月15日，南京大学学术会议，与周扬波教授同行寻访定林寺。

家庭游两次：2015年8月广西之行，顺访桂林龙隐岩石刻；2019年2月广东之行，寻访宋代遗迹惠州西湖六如亭、汕尾壮帝居和方饭亭、潮州韩愈祠。

省内各种活动寻访宋代遗迹十余次：2017年单位组织考察活动，寻访安吉独松关；2019年5月与曾晓祺同行温州寻宋，目标包括平阳宝胜寺双塔，瑞安圣井山石殿、陈傅良墓，温州国安寺塔、三港殿、温州博物馆（海神庙残碑等）、妙果寺、叶适墓，乐清王十朋墓、苍坡村、能仁寺、东塔等；2019年宁波学术会议参观史氏墓葬群及宋代石椅。考古学者郑嘉励多次组织考古现场参观活动，参观考察的对象包括吕祖谦家族墓、嘉兴杉青闸（宋孝宗出生地）、绍兴宋六陵、杭州德寿宫等。当然，家住杭州，本地游时也处处可寻宋代遗迹，如径山寺、杭州孔庙、六和塔、老龙井（胡则墓、辩才塔）、大麦岭苏轼题刻、凤凰山南宋皇城遗址等。以上四十次寻宋之旅，尚不计入2012年泉州与2014年合肥包公祠的家庭旅游。

五、何所寻

寻宋，真能寻到什么吗？

这就是灵魂拷问了。

我跟郑嘉励说，因为文物、考古方面的知识储备太少，那些让我震撼的精美的宋代文物，比如大足石刻、安岳石刻（多为佛教遗迹），我怕写不出什么来。

寻宋，甚至谈不上是田野考察。以前困惑地问过做历史人类学的同事，明清史研究能在田野中发现历史延续至今的社会格局与文化传统，宋史就不可能，碑刻等考古文字资料同样可以在书斋中获得，对于宋史学者而言，田野考察的意义何在呢？同事回答，亲临现场能获得某种感性认识，谈不上对研究的直接推动，但看与不看完全是两码事。诚哉斯言，后来我的任何研究都伴随着历史现场的寻访。

但寻宋不是研究项目，没有搜寻史料的目的，文物遗迹也不是研究对象，更不是为宋史通俗读物搜罗风景插图。从当初开列的寻宋清单来看，是想在书本以外寻找宋史叙述的某种脉络。走得越多，就越清楚地意识到，这样漫长的旅行，隐藏着对历史文本的不信任，以及利用地理空间、文物遗迹、历史记忆重构宋史叙述的期待。

寻宋过程中可以记录的旅行体验、知识拓展极为丰富。在无数次游览过的杭州宝石山抱朴道院，第一次关注到红梅阁与贾似道传说有关；在赣州宋代城墙上，我们徘徊多时，却与"熙宁二年"的砖铭擦肩而过；从西阳宫里面为我们开门的女士竟是欧阳修的后人；山西众多赫赫有名的古建筑散布于不起眼的远村荒街，出错的导航能把我们导到另一个毫不相干的国家重点文物保护单位；在岩山寺，为我们开门的乡间文物管理员驾驶着满载谷物与家人的拖拉机姗姗来迟；在车流量近乎是零的高速公路会邂逅瞌睡不醒的收费员；爬上大营古城前，我们穿过了散发着工业废水恶臭的水沟；司马光编修《资治通鉴》的崇福宫内是一片玉米地，几只土鸡正悠闲地在古碑间觅食；巩义宋陵有一半辟地保护，有一半还是农田。还有那些前所未有的驾车体验，驾车穿过能见度为零的雁门关的云雾，在350公里蜀道的瓢泼夜雨之中驾驶，在不知路在何方的太原机场高架进出三次，都让我们记忆深刻。为了压缩旅行时间，保持普通游客的体验，寻宋全程我们一般不打扰当地师友，在路边烤红薯解决中饭成为常态。记得是2015年9月12日，夜幕降临前，我们在空气严重污染的峰峰矿区的破残公路上着急地寻访早被盗卖得七零八残的响堂山石窟，可能因为心情比较激动，在某一个刹那，我终于感觉自己走到了历史深处，成为穿越时空的旅行者，从书斋生活的沉郁情绪中摆脱出来。

这些体验让我越来越迷恋作为旅行者的生活，却并不构成写作的源泉。写作念头的闪现，最先是在封丘陈桥镇的宋太祖黄袍加身处，看到"陈桥驿"匾额下挂着另一块匾额"显烈观"的时候；后来是面对着曲阜少昊陵的寿丘、万人愁碑感到无比困惑的时候；接着是在太原晋祠，看着那些宋代彩塑忽然觉得它们让人感到阴郁的时候；以及在代县农家庭院的迷人秋景中看到难以理解的杨七郎墓的时候。在这些时刻，史书的叙述突然显得有些陌生。

这些想法的堆积，让我逐渐意识到寻访的真正目标。寻宋，正是要寻访那些通常被士大夫的历史书写所屏蔽，却散落于荒村、隐藏于文物遗迹之中的微弱的历史信号。

2018年春，我在浙大高研院驻访前后，有些朋友提醒我，朋友圈上的寻宋照片应该写成文字。于是我开始梳理这些旅途中闪过的念头，仔细考量以遗迹为线索的宋史叙述的可能性。寻宋中的点滴体验，被我在宋代的人物、事件、关系、情感中重新拆解、排列、组合，于是便有了2018年6月以来在澎湃连载的"寻宋"系列小文。

这些文字看似散漫、跳跃，旅行体验或有或无、若隐若现，涉及的话题在不同时空甚至虚实之间自由切换。但各篇综合起来，我仍希望是完整的宋史叙述，抛开史书的思维限定，在地理空间与文物遗迹中重现宋朝风云。

2019 年 6 月 28 日初稿
2020 年 3 月 8 日定稿

城北一传舍：封丘陈桥驿

2015年7月河南寻宋，我和老沈第一次租车自驾。我们先坐高铁去郑州，车厢内的空调开得很低，外面则是酷暑难耐。郑州站附近的租车点离高铁站尚远，我们步行一程，冷热相煎，老沈驾车至第一站中岳庙时便病倒了。

之前的多次寻宋之旅，我们一直在摸索如何根据行程远近调配合适的交通方式。在湖州与马鞍山我们选择了自驾，在赣州我们选择了公共交通，宁夏与甘肃之行则航空、高铁、自驾并用。有了一些经验之后，我们便决定如果是长途寻宋，就先由高铁或航班抵达省会城市，然后租车自驾。

我们养病的方式，不过是依靠随身携带的常用药品，并及时补充睡眠与休息。经过斟酌，我们放弃了攀登嵩岳的计划，在走完嵩山世界文化遗产建筑群后，匆匆赶往巩义。此行的高潮部分在登封与巩义。开封众多新开发的旅游项目，以及繁塔周边的杂乱状况，让人多少感觉有些尴尬。朱仙镇与封丘陈桥驿之行是整个行程的尾声。我们购得数纸宋史题材的年画，算是对参观朱仙镇岳庙失望之情的补偿。

至于陈桥驿，几乎算不上是旅游景点或名胜古迹，有谁会纪念这样的权谋兵变之地呢？这是我一直好奇的问题。寻访陈桥驿的情形难以预期，因此多有新鲜体验，包括驾车经过黄河浮桥时的心悸，遇见陈桥驿文保点门口无聊落寞的老先生们时的遐想，以及发现"陈桥驿"下挂着一方"显烈观"匾额时的触动。

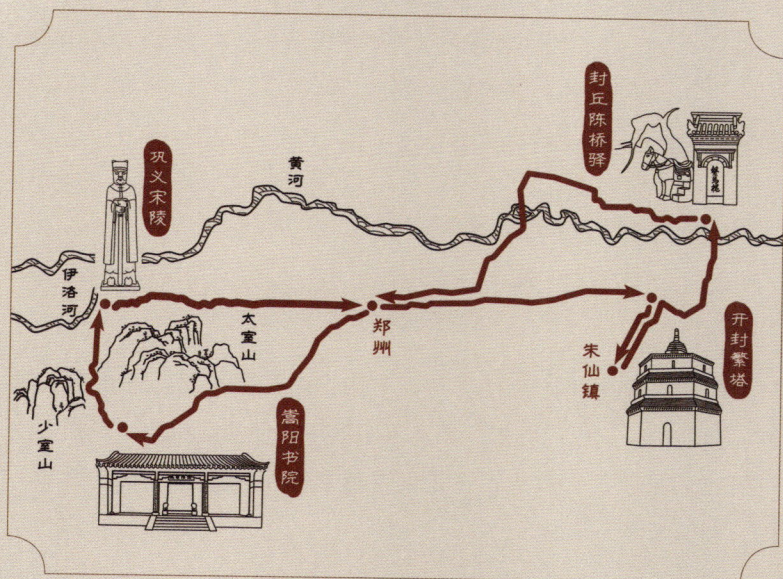

河南行程：嵩阳书院、巩义宋陵、开封繁塔、朱仙镇、封丘陈桥驿

一、陈桥驿在哪

明初杂剧《黑旋风仗义疏财》中，宋江请李逵、燕青两人喝酒，邀他们一起出门办事。李逵不明就里，便胡乱猜测，不知宋江哥哥这回是要杀人放火，还是要寻道君皇帝求招安。李逵唱了一段，调侃宋江与宋徽宗：

> 二末唱：莫不是护俺那宋官家去李师师家游幸？
>
> 帮云：你猜不着，不是，不是。
>
> 二末唱：莫不是护俺那宋官家上元驿里私行？
>
> 帮云：不是，不是。
>
> 二末唱：莫不是护俺宋官家黑楼子上听弹筝？
>
> 帮云：不是，不是。
>
> 二末唱：莫不是护俺宋官家赵玄奴家开小说，杨太尉家按新声？
>
> 帮云：都不是，你猜不着。
>
> 二末唱：既不是沙，却怎地唤您黑爹爹不住程。

李逵唱的宋官家（宋徽宗赵佶）在东京出没的高级娱乐场所中，有一处"上元驿"。上元驿又称"上源驿"，这其实是唐代的称呼，后晋天福五年（940）已改称"都亭驿"。都亭驿在东京祥符县南、官街之西的光化坊，属于顶级宾馆，是接待辽国、金国使臣的指定场所，空闲时也可用于朝廷宴会等活动，因此李逵认为在"上元驿"可能会碰到宋徽宗。

到了南宋，很多人弄不清楚上元驿在哪里，还经常把上元驿与陈桥驿、班荆馆混为一谈，因为它们都有接待辽国使臣的功能。如南宋人王明清在笔记《玉照新志》里说，上元驿就是宋太祖发动兵变的"陈桥驿"，后来又改为迎接辽使的"班荆馆"。其实这是三个并存的不同地方，都亭驿在城内，陈桥驿在东京陈桥门外东北30里，班荆馆在封丘门外稍东。陈桥驿与班荆馆都在开封城东北，距离非常近。《宋会要》记载，南宋初年一次讨论接待金朝使臣仪程，有臣僚提供了北宋时接待辽国使臣的"旧例"，先派"开封府少尹一员往陈桥迎接，茶酒于班荆馆"，然后"御赐筵酒果"。说明陈桥驿在北，是迎接北使之地，班荆馆在南，可以安置使臣或举办简单的外交仪式，是"宋待蕃使之所"。使臣需要面见北宋皇帝，才由宋朝官员陪同安置在城内的都亭驿。

二、投鞭日午陈桥市

宋廷接待北朝使臣的专用驿馆是班荆馆与都亭驿，陈桥驿在外事活动中处于边缘地位。虽然是宋朝的肇基之地，但一直到北宋末年，宋徽宗才第一次将陈桥驿建成宋朝开国的纪念场所。在此之前，陈桥驿似乎没有任何神圣意味，在将近二百年的时间里，这里只是南北攻伐的军队临时驻地或者宋人北行的途经之所。宋徽宗颇为难过地说："其地今为传舍，往来蹈履，非所以称朕显扬祖烈之意。"

五代时期，对陈桥驿的记录总是与战乱相关。后汉高祖刘知远在太原称帝（947）后进入开封，陈桥驿是必经之地，但见"百姓桑枣空有余枿，其庐室悉墙垣耳"。他对陈桥驿的残破景象颇为吃惊，问左右，这是"因荒邪，因兵邪"，臣僚们回答说，这里是当年契丹南侵时，降附契丹的杜重威驻军的地方。刘知远听了十分感慨，发誓说："重威破国残物，一至于此，此而不讨，是朕养恶蓄奸，何以为苍生父母，副海内徯望之心也。"由于长期战乱，天下祈盼太平的心情日益迫切。赵匡胤发动陈桥兵变，时人期待这是太平时代的开启，传说华山道士陈抟激动地从驴上撷下来，欢呼"天下从此定矣"。

史籍中再次出现陈桥，已是赵匡胤的侄子赵恒（宋真宗）亲征澶渊及封禅泰山的时候了。澶渊之盟标志着宋朝北境和平时代的真正到来，此后两国岁有交聘，陈桥驿便是宋人离京北行的第一站。"国门一舍地，传舍犹当时"，这是沈遘使辽时所作《陈桥驿》诗中的句子。王安石在嘉祐五年（1060）作为送伴使送辽国使臣归国，途中有《陈桥》诗：

> 走马黄昏渡河水，夜争归路春风里。指点韦城太白高，投鞭日午陈桥市。杨柳初回陌上尘，胭脂洗出杏花匀。纷纷塞路堪追惜，失却新年一半春。

王安石正月出使，二月归来，行至陈桥时看到一片春光，杨柳杏花，集市未散，不再是五代时"百姓桑枣空有余枿"的情形。

宋辽和平维持百年之久，陈桥驿一直扮演着"国门一舍地"的低调角色，直到宋徽宗为"显扬祖烈"在这里修建显烈观，陈桥驿才被赋予特殊的政治意义。不料宋辽再启战端，金人趁机南下，陈桥驿连同开封城一起沦丧于金军。靖康之难，赵佶北狩，经过陈桥时，应该能在灰烬中辨认出显烈观的残骸。

三、宋太祖黄袍加身处文管所

2015年7月20日中午，我和老沈在朱仙镇的年画作坊购得了赵匡胤、杨业等宋史题材的年画，又在镇上的特色餐馆"二食堂"用了午餐，然后驱车前往封丘陈桥镇，寻访陈桥驿遗址"宋太祖黄袍加身处文管所"。

史籍称陈桥在开封城门外东北方向30里，刚好是今天开封市至陈桥镇的直线距离。从朱仙镇驾车到陈桥镇，需1小时40分钟左右。当年陈桥驿在黄河之南，"走马黄昏渡河水"一句，说明王安石的《陈桥》诗作于使辽归国途中。三百年前黄河再次改道，从此河水在开封与封丘之间流过，我们前往陈桥驿需要经过临时搭建的黄河浮桥。汽车上了浮桥，刚好一辆载满货物的大货车迎面驶来，浮桥剧烈起伏，让人印象深刻。

陈桥驿所在的封丘，因汉高祖刘邦不忘赐饭之恩，封翟母为封丘侯而置县。封丘的地名历史悠久，春秋时南燕国君伯儵祭祀儿子的祭台"慕子台"，又名"封丘台"，"封丘"遂成地名。陈桥镇在封丘县东南，黄袍加身处又在陈桥镇西北。今天的所谓"陈桥驿"，是一座有一些暮气的二进院落，正式的名称是"宋太祖黄袍加身处"，1955年成为县级文物保护单位，1986年又成为省级文物保护单位。门口停车场上有将军跃马的塑像，猜想应该是赵匡胤。院门口坐着几位神情落寞的老者，他们面前的收音机里正放着咿咿呀呀的唱腔，听不懂唱的是什么，难道是豫剧《赵匡胤登基》？

宋徽宗为"显扬祖烈"而建的显烈观毁于宋金战火，明清时期此处或仍是驿站。据1994年修《封丘县志》记载，明天顺三年（1459）此处建东岳庙，光绪十三年（1887）在东岳庙内设宋太祖黄袍加身大殿，陈桥兵变的历史记忆才再次浮现。新中国成立前，东岳庙改为学校，但保留了"宋太祖黄袍加身处""系马槐"等碑碣。1978年以来，作为文物保护单位，陈桥驿得到了多次修缮，学校被迁走，建筑大体恢复了清光绪时的规模，文物保护的面积有2万多平方米，保护的范围除一座二进庭院外，还包括西边一片荒芜的池塘绿地。

走近大门，门楣上有"陈桥驿""显烈观"上下两块匾额，边

朱仙镇购得的年画，老板说年画上的人物是赵匡胤（右）和杨业（左）

"陈桥驿"和"显烈观"匾额

上又挂着"宋太祖黄袍加身处文管所"的招牌。第一进院落有介绍陈桥兵变的照壁，左右又立着两通石碑：左边是"宋太祖黄袍加身处碑"，碑阴是清代金梦麟题的《题系马槐》；右边是"系马槐碑"，碑文为乾隆时河南府尹张松孙所题——这就是今天陈桥驿遗址最主要的文物了。"系马槐碑"旁有石马及古槐一株。据说赵匡胤曾在这株古槐上拴马，古槐曾经高达4米，周围5.4米，需三人合抱，是唯一的宋代遗物。顺治时《祥符县志》就记载宋太祖黄袍加身处"今有系马槐，大二十围，枝条虬曲空洞，甚为奇观"，可惜盛景不再。今天所见古槐虽也"虬曲空洞"，也有绿叶，但似乎是树枝和水泥结合的人工作品。东西配殿各有"天道攸归""应天顺人"的匾额，殿内是古兵器之类的陈列以及陈桥兵变的图文说明。正殿称"赵匡胤登基大殿"，门楣悬瘦金体"显烈"匾额，大殿正中有赵匡胤的鎏金坐像。第二进院落更为宽阔，不过各殿大门紧锁，院子中的石狮有玻璃罩保护，可能是从别处移来的文物。

陈桥驿门前

照壁、系马槐、正殿

宋太祖黄袍加身处碑

正殿瘦金体"显烈"匾额

　　"宋太祖黄袍加身处文管所"内立有诸多以"保护文物"为主旨的新立石碑。其中"重修山门厢房碑记"记述了1992至1995年间封丘县博物馆馆长李天锡主持修建山门、厢房的过程，参与者有县博物馆副馆长、文管所副所长以及工人十余人。我寻思着这些热心文物保护的人士，会不会就有坐在门口的老者。

四、"应天顺人"或"欺他寡妇与孤儿"

　　讲陈桥兵变，有两个不得不讨论的问题。一是宋太祖赵匡胤事先是否知道兵变计划，二是宋太宗赵光义是否参加了这次兵变，通常的答案是肯定前者而否定后者，这就意味着黄袍加身不仅是一场兵变，更是深不可测的政治阴谋。这样成功甚至完美的政治阴谋应该如何书写？这往往是史官无法承受的挑战。因此，讳莫如深，视而不见，才是宋人对待陈桥兵变的政治正确。宋人的陈桥诗中极少出现兵变之事，这也注定了陈桥驿的身份始终只是一处传舍。

打破这种规矩的是最富有"自我作古"精神的宋徽宗。在曾说的建议下，道君皇帝于大观元年（1107）御笔下令在陈桥驿舍建造一座宏伟的道观，并亲书"显烈观"匾额。拆迁工作立即开展，"所有驿舍，仍移于侧近系官地，先次拆移修建，疾速施行"，于是陈桥驿成了显烈观。宣和二年（1120），宋徽宗将每年的正月初四定为"开基节"，纪念宋太祖在陈桥兵变后登基称帝。宣和六年（1124）显烈观建成，陈桥驿成为开基圣地，可惜两年后毁于战火。从陈桥兵变到显烈观焚毁，宋王朝的黑暗能量——政治阴谋、道教崇拜、军事灾难，神奇地融汇在一起。

直到元代，文人的陈桥诗作才不再避讳黄袍加身的历史事件，比如张宪《陈桥行》就是描绘兵变的叙事诗，说是"重光相荡两金乌，十幅黄旗上龙体"。不过，不要以为宋亡之后，陈桥兵变的历史记忆就变得如何美妙了。明代笔记《识小录》的"陈桥驿"条目，讲的便是宋朝"欺他寡妇与孤儿"的孽报故事，不但宋亡于元，甚至赵匡胤不得传位于子，都是这一场政治阴谋的报应：

> 宋太祖自欺其君，而太宗即欺其嫂与侄，若宋后之不成丧，德昭之不得其死，又现前孽报矣。

寻宋途中，所见多是贤人忠烈、文士君子的风流功业，或者沧桑宝贵的文物遗迹。宋太祖"启运创业"的陈桥驿，与风雅或忧患的士大夫精神毫无关系。而那里发生的一切，或许才是宋朝历史文化的真正底蕴。

—————— 相关事件年表 ——————

960　赵匡胤（宋太祖）发动陈桥兵变，建立宋朝。

961　杯酒释兵权。

962　削夺节度使镇将之权。

963　平荆湖，置通判，颁行《宋刑统》。

964　赵普拜相，置参知政事，伐蜀。

965　平后蜀。

966　赵匡胤感叹"宰相须用读书人"。

967　西平王李彝兴（殷）去世。

968　攻北汉。

969　赵匡胤亲征北汉。

晋水女神的哀怨：太原晋祠

  对于自幼生活在江南水乡、商业市镇的人来说，在秋收时节徜徉于雨后晋中盆地紫金色的田野上，会感觉心灵被浸润得质朴敦厚起来。对于以读史为生的人来说，这里的历史层次太过丰厚。晋祠唐叔虞的"唐"可以追溯到国史上第一位圣君唐尧，赵襄子的晋阳之战开启了战国时代，李渊父子晋阳起兵肇始大唐盛世。这里有太多回肠荡气的冰与火之歌，简直让江南显露出中古以前荒蛮、异域的底色。

  山西有太多的地上文物，除了赫赫有名的佛光寺、应县木塔，这次我们刻意寻访的宋代古建筑几乎都在穷乡荒街，每次寻访都像是一次奇遇。定襄县的关王庙，竟是背对街道的一座单体建筑。我们不得其门而入时，才意识到从巷子里推着自行车出门的刚才擦肩而过的男子，应该就是关王庙的管理员。我和老沈走入巷子，果然发现关王庙就在一处民宅前的围墙内。我们按捺住翻墙而入的冲动，举着相机隔墙拍下了关王庙的正殿。

寻访繁峙县岩山寺时，我们被导航引到40公里外的岩头村。先是把车开进了煤矿，然后找人问路，循着指点，却误入了另一处全国重点文物保护单位秘魔寺（秘密寺）。第二天在天岩村找到真正的岩山寺，只见寺庙正在扩建，宋代古建却并不开放。百般不甘之下，我们闯入工地，询问工人。工人打量我半天，看着墙上贴的通讯录，让我们拨了一个手机。大约过了20分钟，管理员开着满载着谷物的拖拉机从田间赶来给我们开门，并告知这里的壁画不许拍照。

原平市惠济寺在村庄的中心，因为文物曾经被盗，现在不再开放。我们隔着窗户往里看，只见蜘蛛正在真假难辨的宋代塑像上织网。修缮中的定襄县洪福寺在荒山之上，彩塑已被封存。忻州金洞寺在偏僻的田间，大门紧锁，寺内有香火的痕迹。我们拨通涂写在墙上的管理人员手机，说要给菩萨捐一点功德，这才寻访到建于北宋元祐八年（1093）的转角殿。

就艺术造诣而言，我以为朔州崇福寺的金代佛像与壁画，似在太原晋祠宋代彩塑之上。太原晋祠宋代女神的脸过于苍白，背后隐藏的是晋阳人民对宋王朝的愤懑、怨怼与恐惧。

阿育王塔

太山

天龙山

晋祠

太原古县城

汾河

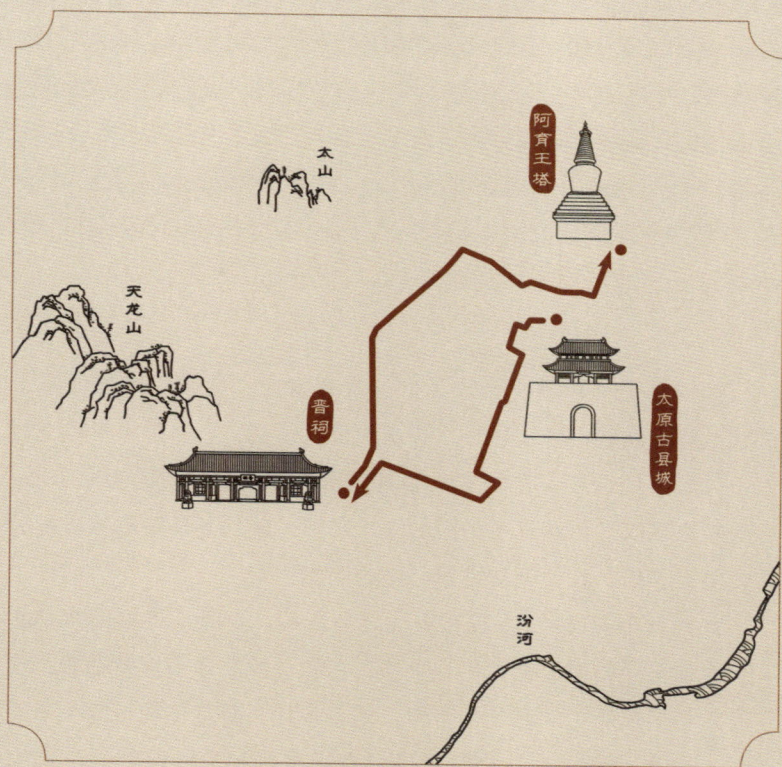

太原行程：太原古县城、晋祠、阿育王塔

一、圣母是谁

都说地上文物看山西，我们这次在太原、晋中一带的寻宋之旅，主要围绕着古建筑展开，寻访的重点对象，自然是中学语文课本上读到过的晋祠。晋祠文物的繁盛精妙，历史底蕴的深厚丰沛，令人欢喜赞叹。可端详圣母殿的宋代彩塑，确认圣母殿与叔虞祠的方位关系之后，我便无从排遣心中的困惑。

2015年10月17日，我和老沈寻访晋祠。当时圣母殿前热闹非凡，左侧王琼祠倒显得更古朴宁静，我和老沈流连于王琼祠前，观赏有六百余年历史的雌雄银杏树，差不多耗去游览晋祠将近一半的时间。现在回想起来，这似乎是有意躲避晋祠圣母殿阴森压抑的氛围。

寻宋途中所见精美的宋金彩塑，包括济南灵岩寺罗汉塑像、苏州紫金庵罗汉塑像、大足及安岳石刻造像和朔州崇福寺弥陀殿塑像，相比之下，圣母殿女神及侍女彩塑似非上佳之作。无论之前阅读图片还是这次现场观赏，总觉得这些女性被塑造得过于单薄、呆板。她们脸色苍白，双唇紧闭，目光近乎呆滞，礼貌式的微笑也显

晋祠的银杏树

　　得冷漠而愁苦。退至殿外，两座精美而威武的力士仿佛有些悲愤的表情，同样为晋祠营造了压抑的氛围。

　　更让人百思不解的，是圣母占据着晋祠主殿的地位。晋祠难道不是为奉祀唐叔虞兴建的吗，为何奉祀的却是圣母？用封建士大夫的说法，这究竟算正祀还是淫祀？用史学工作者的眼光来观察，这其中该有多少对历史的篡改？晋祠的格局很奇特，以圣母殿为核心的祠庙建筑群坐西朝东，背靠天龙山，面临智伯渠。自晋祠大门而入，经水镜台、金人台、对越坊、献殿、渔沼飞梁而至圣母殿。唐叔虞祠居于主干道的北侧，虽然坐北朝南，却属于一组道教建筑群，以关帝庙、玉皇阁为中心，叔虞祠与文昌宫分居两侧。道教建筑的对面有三圣祠、晋溪书院、太原王氏宗祠，属于儒家建筑群。圣母殿的西北角则又有水母楼，具有民间祠庙色彩。在这三组建筑群以南，留山湖对岸的奉圣禅寺，也包括在晋祠景区之内。这样看来，整个晋祠景区的格局是民间信仰统领儒、释、道三教，古怪得让人摸不着头脑。

查阅资料才知道，我的疑问也是学界长期讨论的未解之谜，圣母是唐叔虞的母亲邑姜的说法，可能是明清士大夫对叔虞不居主殿的遁词，不少学者认为圣母其实是鸠占鹊巢。然而这一切是如何发生的呢？

晋祠大门

晋祠圣母殿

二、晋阳城的历史

2013年，耿彦波调任太原市市长。之前这位市长因为在大同市大刀阔斧地推动城市复古改造而引起各种讨论。他到任之后，明太原县城保护复兴工程立即上马。我们来到太原时，在太原南部的晋源区，格局尚存的明清城墙正在重新修缮，雄伟的城门拔地而起，与之相随的还有"明太原县城保护开发是改善居住生产生活条件的唯一出路"等拆迁标语。

坐落在今天晋源街道的明清太原县城始建于明代初期，与宋史毫无关系。2500年前兴建的晋阳古城在晋源街道稍北的古城营村。979年赵光义灭北汉并彻底毁灭晋阳城之后，在他的驻跸地，即晋阳城东偏北约20里、今天的马练营村附近建起"平晋城"，面积不足晋阳城的二十分之一。不久赵光义又令潘美在晋阳城北40里处的唐明镇新建一座府城，后来发展为今天的太原市。因此太原有不同时期的四个城址，其中三个与979年宋太宗灭北汉有关。

晋阳是千年古都，公元前497年出现于史书，先后成为战国赵都城、秦太原郡治、汉初代国都、汉并州治、曹魏并州治、西晋太原国都、前秦都城、北魏并州治、北魏末期实际行政中心、东魏下都、北齐别都、隋太原郡治、唐初并州治、武周北都、唐北京、前晋都城、后唐西京和北京、后晋北京、后汉北京、北汉都城。参观晋祠之后，天色已晚，我们继续寻访古城营村晋源二中校园内的阿育王塔（惠明寺舍利塔），这可能是与晋阳古城直接相关的唯一地上建筑。这座覆钵式宝塔号称是中国十九座舍利塔之一，现存塔身建于明代，但在宋真宗、宋神宗时代该塔已有三次重建，更早的历史可以追溯到隋文帝仁寿二年（602）。

历史有时会不可思议地重复发生，比如前后相隔1500年的两

唐太宗御制《晋祠之铭并序》碑

次水淹晋阳的故事。晋祠景区内的河水称为智伯渠，第一个故事正是从智伯开始。智伯联合韩、魏两家包围并水淹赵襄子坚守的晋阳城，赵襄子暗中联合韩、魏反击智伯，然后三家分晋，奠定了战国七雄的格局。此后，李渊父子晋阳起兵时曾在晋祠"祈嘉福"，晋祠"贞观宝翰"亭中唐太宗御制《晋祠之铭并序》碑正是为此而作，晋阳也因此成为唐朝北京。后唐李克用的霸业始于883年坐镇晋阳之后，五代政权虽多以开封（汴京）为都城，但除后梁朱温，后唐、后晋、后汉、后周皇帝无不源自晋阳李克用集团，残唐五代史因此被人概括为"晋汴之争"，这种格局一直延续至宋初。后周建立后，晋阳保留着北汉政权，宋朝太祖、太宗顺利平定南方，围攻晋阳却多次无功而返。

只有了解晋阳在唐五代时的"龙兴"地位，才能理解北汉降宋后赵光义的忌惮之心及火烧、水淹晋阳城的残暴之举。

三、圣母殿修于何时

毁灭晋阳城之外，赵光义还做了其他破坏工作。2011年，中央电视台探索发现频道《发现之路》栏目制作了一期题为《晋祠之谜》的节目，节目认为移除晋祠主神唐叔虞正是宋太宗的主意。李唐王朝因奉祀唐叔虞而兴，宋太宗为了破除晋人龙兴之运，以整修晋祠大殿为名，将唐叔虞的神主偷偷置换为阴弱的女性，并称那是叔虞的母亲邑姜，晋祠从此变成了圣母殿。这个故事编织得似乎合情合理，可惜缺乏文献依据。

依据现在所见文献资料，可以确定宋代圣母殿的以下时间线：

1.宋太宗979年灭北汉，毁晋阳城，重修晋祠，仿唐太宗立《新修晋祠碑铭并序》碑。据碑铭可知，太宗时晋祠内奉祀的是唐叔虞，并不是圣母。

2. 古建筑调查确定，现存圣母殿建筑始建于宋太宗时期。

3. 宋真宗汾阴（今山西万荣）祀后土时期，曾下令修葺晋祠。

4. 宋仁宗天圣年间，封唐叔虞为汾东王。金人推测晋祠原本坐北朝南，天圣年间封唐叔虞为汾东王时，在其西加建圣母殿。明清以来多沿袭此说，均属后人推测，并无直接文献依据。

5. 韩琦1053年知并州（今山西太原）时有《晋祠鱼池》诗，有"女郎祠下池，清莹薄山脚"的句子，这是目前可以确知的圣母殿（女郎祠）出现时间的下限。

6. 宋神宗熙宁年间封晋祠圣母为昭济圣母。宋徽宗崇宁年间改圣母祠为慈济庙，政和年间圣母封号又加两字，尊为显灵昭济圣母。

7. 明人罗洪先有《无题》诗云："悬瓮山中一脉清，龙蟠虎伏隐真明。水飘火劫山移步，五十年来帝母临。"今人或据诗末句推测，晋祠圣母乃冒认宋仁宗为己子、天圣年间垂帘听政的章献太后刘娥。

圣母殿始建时间尚无定论，学界仍以沿袭天圣旧说为主流。但天圣年间并没有重修晋祠，此时章献太后刘娥尚在世，圣母殿中的圣母塑像也丝毫看不出帝后气象，天圣圣母说缺乏依据。而大中祥符四年（1011）宋真宗曾下诏修葺晋祠，这时建圣母殿应是一个合适的契机。人类学教授张亚辉在其专著《水德配天》中提出："可能正是在这次重修过程中，将圣母塑入了新殿，而将唐叔虞移了出去。"

我对人类学研究始终抱有一种敬佩之情——明明可以靠讲故事吃饭，偏偏要玩理论构建。《水德配天》要讨论的是晋祠的宇宙观、水与土互动的框架等终极问题，这在史学工作者看来多少有些古

圣母殿"显灵昭济圣母"廊额

圣母殿中的圣母形象

怪。不过他们的研究对象具体而微，往往是一个村庄或一座祠庙，用丰富的田野材料构建起史书上未曾记述的故事。这部专著讲述的圣母殿故事惊心动魄，虽然从历史研究的标准来看稍显证据不足，但这些故事却符合历史无常及世态人情的逻辑。

北宋太祖、太宗三下河东，宋太宗围攻晋阳，北汉主刘继元和名将刘继业（杨业）降宋。但晋阳百姓仍拼死抵抗，没有武器，便在屋顶揭瓦砸向宋军。宋太宗既恼怒晋人的顽抗，又忌惮晋阳的龙兴之运,于是火烧和水淹晋阳城,将晋阳百姓迁至平晋城。宋太宗的暴虐激起晋阳民众的愤恨,他们烧毁宋太宗建的统平寺,宁肯流落他乡,也不愿迁居平晋城。甚至有人凿平了宋太宗的《新修晋祠碑铭并序》碑,有人认为今天晋祠的唐太宗御碑就是凿平宋太宗碑后的重刻。晋阳民众还为北汉主刘氏建起刘王庙,这不是对北汉政权的愚忠,而是晋阳城无数冤魂最后的抗议。

想象一下当时晋阳城冤魂遍野、鬼祟丛生的情形,就不难理解热衷于东封西祀的宋真宗为安抚民众可能采取的行动。张亚辉提出,作为晋源水神的晋祠圣母,本来护佑着这一方的风调雨顺,这时却成了水淹晋阳被利用的棋子。宋朝政治史有一个神魔版本,宋太祖本是霹雳大仙登上帝位,后来玉皇大帝派来一位黑煞将军,命太祖兄终弟及传位太宗。到宋真宗时,又认人皇九人之一赵玄朗为圣祖。从神仙视角看,宋太宗水淹晋阳,意味着晋源水神对民众的渎职与背叛。灾难发生后,水神圣母悲痛不已,每次游神还在九龙庙与刘王庙举行表达歉意的仪式——那两座祠庙是晋阳城残余的象征。圣母又是生育之神,为水中冤魂超度转生也是她的工作职责。圣母虽然饱受怨恨,还是忍辱负重做着补救工作。宋真宗可能洞悉父辈所有的阴谋、残暴、荒淫,他的梦中既然有神仙不断出现,妖魔鬼怪想必也从未消停。或许赎罪才是宋真宗皇帝生涯的重点,或许在前往汾阴祭祀后土的途中他曾梦见晋阳冤魂或晋水女神,或许为了让女神更好地开展心理干预工作,宋真宗下令将晋祠改造为圣母殿。晋阳的工匠们把圣母塑造得特别拘谨,那是因为在他们的想象中女神深受怨恨而满心愧疚与惶恐吧。

这便是史学工作者转述人类学研究而重新改编的晋祠故事。信不信由你,反正我是信了。

——————相关事件年表——————

970　攻南汉。

971　平南汉。

972　禁释道私习天文地理。

973　殿试为常式，封赵光义为晋王。

974　伐江南。

975　平江南。

976　攻北汉。赵匡胤去世，赵光义（宋太宗）继位。

977　葬宋太祖于永昌陵。

978　漳泉陈洪进、吴越钱俶纳土归宋。

979　灭北汉，基本完成统一事业。攻辽失败。

此地空余杨家将：代县雁门关

代县寻宋的主要目标是杨业的雁门关，但一路所见多为元明以后的文物，而代县这个地方，它的辉煌历史更在宋代以前。

《水浒传》中，鲁提辖拳打镇关西之后，先逃亡至代县，"入得城来，见这市井热闹，人烟辏集，车马骈驰，一百二十行经商买卖，诸物行货都有，端的整齐"。2015 年 10 月 20 日，我与老沈离开五台山，下午将近三时抵达代县。当时天色阴沉，登上号称"长城第一楼"的边靖楼（建于明代，全国重点文物保护单位），只见暮日掩映在云雾间，犹如一颗蛋黄。

傍晚，我们赶往县政府大院参观圆果寺阿育王塔（建于元代，全国重点文物保护单位），并顺访毛泽东路居纪念馆，1948 年毛泽东由陕北东进西柏坡路经代县时曾在此停留。第二天一早原打算先参观代县文庙（建于明代，全国重点文物保护单位），不知为何大门紧锁。本来应该由代县直接上雁门关，但前一天赵世瑜教授在微信朋友圈提醒，县城东北20公里的鹿蹄涧村有杨业后裔聚居的杨忠武祠，而之前被导航误导错过的繁峙岩山寺更在县东80公里。于是我们临时增加了两处行程，可在参观杨忠武祠途中又发现附近有一个杨七郎陵园，结果又加了一处行程。

那天我们疯狂赶路，从岩山寺折返，行至雁门关景区时才到中午。参观完雁门关前往应县途中，我们又流连于各个时代的长城遗址、新旧广武城遗址以及广武汉墓群。广武汉墓群南边开辟的巨型广场上兀自竖着汉武帝像。我们衣服单薄，迎着萧瑟秋风和阴寒暮色，步行穿越这疑似旅游开发的烂尾工程，感受着雁门关的肃杀和荒凉。

代县也算是王兴之地。历代"代国"在晋阳、大同之间，地名却被代县独占。先秦的代国与赵国纠缠不清，传说胡服骑射的赵武灵王最先修筑了代县的前身广武城。秦置广武县，汉高祖刘邦为迎击匈奴，亲率数十万军队进驻广武古城，结果在更北的白登山被围七日。此后，刘邦第四子、汉文帝刘恒以"代王"称帝，他的孙子汉武帝刘彻为痛击匈奴，先在马邑诱敌，后又"发卒万人治雁门险阻"。马邑就在今天的朔州市朔城区。10月22日，我们参观朔州崇福寺金代弥陀殿及塑像、壁画，而广武汉墓群是否埋葬着汉武帝时期修筑及戍守雁门关的士卒，至今还是不解之谜。此后，北魏崛起于396年，拓跋珪越过雁门关攻后燕。615年，隋炀帝被突厥围困于雁门关，李渊父子因驰援及时而授太原留守，为晋阳起兵揭开了序幕。

代州兴起的最后一位王者是突厥后裔、沙陀部的李克用。黄巢攻入长安后，唐朝授一度叛唐的李克用为代州刺史、雁门以北行营节度使，让他戴罪立功。李克用收复长安，剿灭黄巢，受封晋王后，与黄巢叛将、梁王朱温反复争战，由此开启后唐、后晋、后汉、后周、北宋五代帝业。北汉猛将杨业入宋后兵败陈家谷，则是代地武人风云的悲壮尾声。

恒山

应县木塔

繁峙岩山寺

五台山

朔州崇福寺

桑干河

雁门关

原平惠济寺

定襄洪福寺

云中山

滹沱河

忻州金洞寺

汾河

太原

山西行程：太原、定襄洪福寺、忻州五台山、繁峙岩山寺、代县雁门关、应县木塔、朔州崇福寺、原平惠济寺、忻州金洞寺

一、杨业的雁门关

对杨家将史实的考证不计其数。李裕民教授认为，杨业为麟州
新秦（今陕西神木）人，可能出生于934年。他的父亲杨信是麟州
的豪强地主，后汉时投靠皇弟刘崇，被任为麟州刺史。杨业原名杨
重贵，十四岁时，刘崇的次子刘承钧收他为养子，改名刘继业。后
周取代后汉，杨信以麟州刺史投周。刘崇在太原称帝（北汉），杨
业（刘继业）为其效力，父子互在敌国。杨信死后，接任麟州刺史
的次子杨重勋也投靠北汉。北汉灭亡以前，杨业的主要对手是后周
与北宋，"杨无敌"的名号正是在对宋战争中形成的，抗辽则是杨
业降宋之后的事业。传说中杨业的妻子佘太君的原型出自党项族折
氏家族，折氏倒是与西夏、契丹结为死敌，坚定地站在后周、北宋
一边。

北汉灭亡、杨业降宋后，宋太宗本想一鼓作气收复燕云，结果
在高梁河大败，狼狈逃亡。契丹从河北、河东（山西）两线反扑，
镇守太原的潘美难以支撑局面，宋太宗这才起用"老于边事，洞晓
敌情"的杨业。杨业从此开始了他的抗辽事业。短短月余时间，杨

业在对辽边境修筑了一系列军寨，包括大石寨（在今山西应县）、茹越寨（在今山西繁峙）、胡峪寨（在今山西代县）、西陉寨（在今山西代县）、崞寨（在今山西原平）、阳武寨（在今山西代县），此后又在代州修筑了楼板寨、土蹬寨、石砎寨与雁门寨。

这些军寨中，西陉寨与雁门寨就是西陉关与东陉关，两者共同构成了宋代的雁门关。杨业抗辽的两次主要战役，一次是出西陉关大显神威，另一次则遭监军王侁及主帅潘美设计，出东陉关攻寰州不成，兵败陈家谷。

二、陈家谷在哪里

山西的东西两侧是太行山与吕梁山，中间夹着数个盆地。离开太原盆地北上，先有五台山与云中山之间的忻定盆地，再越过雁门关，就是恒山（雁门山）与洪涛山之间的大同盆地。后晋割让给契丹的燕云十六州，其中河东四州都在大同盆地，即云州（今山西大同）、应州（今山西应县）、寰州（今山西朔州朔城区）、朔州。雁门关退可扼守关口，抵御契丹进犯太原，进可出兵北上，进入大同盆地，收复河东四州，在北宋至关重要。

我和老沈先在太原盆地参观了晋祠，经定襄县上五台山，在忻定盆地寻找繁峙县岩山寺宋代壁画，然后北出雁门关，经新、旧广武城进入应县、朔州，再折返太原。如果在宋代，我们北出雁门关便已进入辽国地界，著名的应县木塔（佛宫寺释迦塔）就是辽国所建。

晋北之行随处可见杨家将的身影，明清的边靖楼上就有杨业的塑像，但真正意义上的杨业遗迹几乎无处可寻。今天的雁门关景区就在宋代东陉关的位置，雁门关关楼雄伟壮观，当得起"天下第一

边靖楼

雁门关楼

关"的称号。进入景区的公路上竖立着以杨业、佘太君为首的杨家将群像，景区内也有杨业的忠武堂、潘美的武惠堂、张齐贤（继杨业之后知代州）的文定堂，但景区内建筑均为明代重建。

980年杨业大显神威的雁门关之战，史书中有不同的记载。一种说法是潘美坚守太原不出，让杨业独自以五千兵力对抗十万辽军，辽军从新广武城谷口经后腰铺村往东陉关进发，杨业自西陉关出新广武城迂回至旧广武城，从辽军后方包抄突袭成功。另一种记载称潘美当时正在东陉关迎战，命杨业从后方包抄，最后潘、杨合击，"敌众大败"。这一带是代州境内古长城遗迹最多的地方，然而哪一处是宋代遗迹已无从分辨。此处也没有纪念杨业的任何设施，旧广武城与广武汉墓之间，空旷的广场上倒是竖着汉武帝的巨

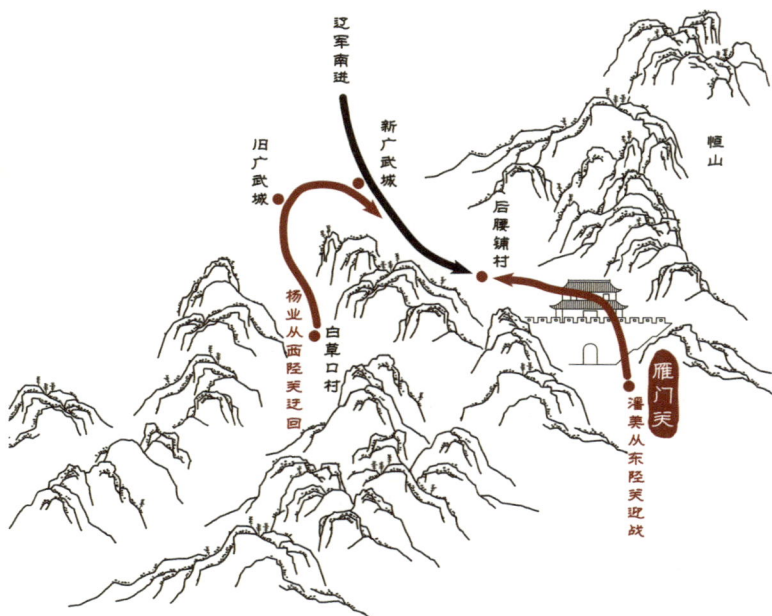

雁门关之战形势图

型塑像。

寻访杨业抗辽战场的关键是寻找杨业当年兵败被俘的陈家谷口，但这是不可能完成的任务。雍熙三年（986），宋太宗兵发三路北伐，潘美、杨业率西路军出雁门关，试图收复云、应、寰、朔四州。结果东路军战败，宋太宗命中、西两路宋军主动撤退，同时要求西路军掩护四州民众南徙。乘宋军撤退，辽军重新占据寰州。这时关于如何掩护四州民众南徙，杨业与监军王侁发生了冲突。杨业主张先通知各州民众出城，然后出兵阻拒辽军。王侁则要求杨业北出雁门关重新攻占寰州。杨业明知必败，却不能抗命，只能誓言"当先死于敌"，"以报国恩"，唯请潘美引兵埋伏陈家谷，以便撤军时相援，免遭全军覆没，"不然无遗类矣"。后面的故事人们耳熟能详，只是陈家谷究竟在哪，至今成谜。

历史地理学者、央视纪录片摄制组、民间的杨家将粉丝，都曾在朔州西南一带寻找陈家谷口。《辽史》记载，杨业被俘于狼牙村。今朔州西南10余公里处有狼儿村，寻访陈家谷时，往往会认定此即狼牙村，凑巧附近数公里外又有陈家窑，或认为这里就是陈家谷。但是这里并没有山谷，杨业不可能让潘美在此处"张步兵强弩为左右翼以援"。陈家谷适合伏兵袭击，只能在狼儿村更南的恢河源头所在的山谷中，此处地形迅速由宽收窄，谷中又有王侁观战的托逻台。

不过陈家谷的具体位置仍有两说。一说是距狼儿村30余公里的陈家沟，此处深入险要，但已经战败的杨业似乎无力奔逃至此。另一说则是刚刚进入谷口的阳方口镇，地形位置完全符合谷口埋伏的条件，只是地名相去甚远。就地理形势而言，杨业自东陉关出新广武城往寰州进发，可能在广武新城附近就遭遇辽军，一路向西往陈家谷口奔逃。结果潘美违约，杨业"抚膺大恸，再率帐下士力

雁门关杨业塑像

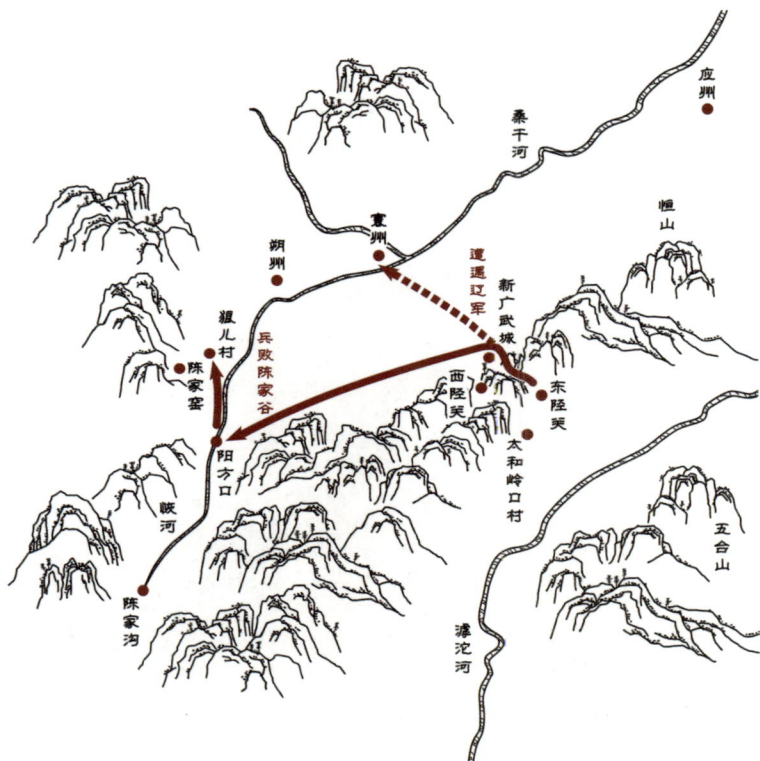

陈家谷之战杨业行军路线图

战"，仍有可能且战且退至狼牙村被俘，当然这也不过是依据文献
及地理形势的推测。今天已无从寻找当年杨业战斗的任何痕迹，只
有杨家将的传说遍布这里的每一个村庄。

三、代县杨家将之旅

我们无暇顾及杨业兵败的陈家谷，却没有错过杨忠武祠及杨七郎庙。这是 2015 年的重阳节，鹿蹄涧村的杨忠武祠横幅高悬，村内热热闹闹，村里的女人们正在准备重阳节的祭祀活动。杨忠武祠其实是奉杨业为祖先的杨氏宗祠，据称始建于元代。整个村子弥漫着浓郁的民间杨家将文化氛围。杨忠武祠保存着一通元天历二年（1329）的"题世将杨族祠堂碑"，记载着杨氏族人与杨业的关系。日本学者松浦智子研究发现，碑中杨业的父亲叫杨衮，不同于历史上的杨信，杨业之子有平、定、光、辉、昭、朗、兴、玉等八人，不同于历史上的延玉、延浦、延训、延瓌、延贵、延昭（延朗）、延彬，可能是从元代戏曲《八大王开诏救忠臣》中抄来的。碑文还称杨文广的孙子是岳飞的部将"杨再兴"，但杨再兴是湖南临冈人，只有清代小说《说岳全传》中才有他是杨业后裔的说法。因此在《"杨家将"故事形成史资料考——以山西杨忠武祠的文物资料为线索》这篇论文中，松浦智子指出，鹿蹄涧村杨氏宗族追认的祖先杨业属于"通俗文艺系列的记录"，表现的是南宋以来杨家将故事在民间传播的历程，与历史上的杨业没有必然的关联。

离开杨忠武祠，路边出现"杨七郎庙"的大幅路标，我们忍不住循着指示往不远处的东留属村寻访。在一处农家院落内，我们找到了台胞于 2003 年修建的杨七郎庙，庙内还有杨七郎墓。墓侧有清乾隆年间立、嘉庆年间重修的石碑，上书"宋赠武勇将军延兴杨公神墓"。如果不纠结历史和传说，在这里倒可以享受一下难得的秋景。这个农家院落被湿润的五彩秋叶包裹着，静谧自在，令人心醉。

从繁峙县岩山寺折返，赶到雁门关景区，上山的车道上，连续

鹿蹄涧村村口

鹿蹄涧村的杨忠武祠

不断的发夹弯让我们真切感受到雁门关的险要。烟雨中的雁门关尤显雄奇，我们驶离雁门关时，悬崖边的山路上穿过一片雨云，一时能见度几乎为零。下雁门关路经新广武城，我们又赶往广武汉墓，汉墓南巨型广场上有汉武帝塑像，再南便是旧广武城。这个行程就是杨业雁门关大捷路线的逆行，一路上残垣断壁随处可见，分不清汉唐宋明，也分不清是军寨、古堡还是长城。随后几日我们前往应县参观木塔，往朔州参观崇福寺，再返回忻定盆地继续寻访宋代古建。

未能寻访陈家谷与西陉关实乃此行最大遗憾。返程时，我们从高速公路翻越雁门山，行至白草口隧道时，忍不住在应急车道上逗留瞭望。在我们的面前，右边（西侧）山谷中便是白草口村，宋代西陉关的所在，左边（东侧）险峰之巅则可以望见长城垣壁。此情此景，也算与杨业有了一面之缘。

在白草口抬眼望险峰长城之时，脑海中浮现起幼时玩耍洋片的情形。记得自己迷恋过一套尺寸特别狭长的洋片，其中就有身穿铠胄、横刀立马的白须杨令公形象。忘了从连环画还是电视剧中知道奸臣潘仁美谋害忠臣杨业的故事，后来知识渐长，才知道杨家将传说全是虚构。然而代县的杨家将之旅，源自通俗文艺的杨忠武祠以及略显荒诞的杨七郎庙，好像比威镇雁门关、血洒陈家谷的杨业更加真实确凿。

东留属村杨七郎庙内的杨七郎墓

东留属村杨七郎庙及所在农家庭院

烟雨雁门

新广武城一带长城遗址

———————— 相关事件年表 ————————

980　杨业败辽师于雁门。

981　赵普再次拜相。

982　赵廷美获罪。夏州李继捧来朝。

983　《太平御览》修成。

984　夏州李继迁叛。诏华山隐士陈抟入见。

985　李继迁据银州。

986　北伐燕云，杨业战死陈家谷。

宋辽边境谍影：定州开元寺塔

　　2015年9月的河北、河南寻宋之旅，我们走过十二座城市，寻访了十二处宋代遗迹。

　　第一站定州，开元寺塔是我们寻访的重要目标。除了开元寺塔，定州还有两位北宋名臣留下的重要文物。苏轼在哲宗亲政后被赶出朝廷，在定州留下雪浪石盆铭及"东坡双槐"。"雪浪石"为苏轼偶得，黑质白脉，中涵水纹，苏轼置石于盆，又刻铭于盆唇，有"异哉驳石雪浪翻，石中乃有此理存"之句。此后盆石埋没，至明代重现，清康熙年间移入众春园。众春园最早是宋太宗时真定路都总管李昭亮所建，庆历新政失败后韩琦出知定州时扩建，取"与民同乐、偕众同春"之意名为"众春"，并撰《众春园记》刻石。

今园已毁，石碑仍存定州石刻馆。我们在定州未及寻访韩、苏二公的石刻遗迹，开元寺塔也不许攀登，无缘欣赏塔内众多碑铭题刻。

定州在先秦及西汉都是中山国都城，十六国时一度成为慕容垂后燕的国都。定州周边曾出土多位西汉中山王的墓葬，我们在保定参观的满城汉墓，墓主就是第一代中山（靖）王刘胜。定州在唐朝是抵御突厥的前线，晚唐属义武节度使，五代、北宋则是接辽边境，因此战争长期困扰着这座城市。

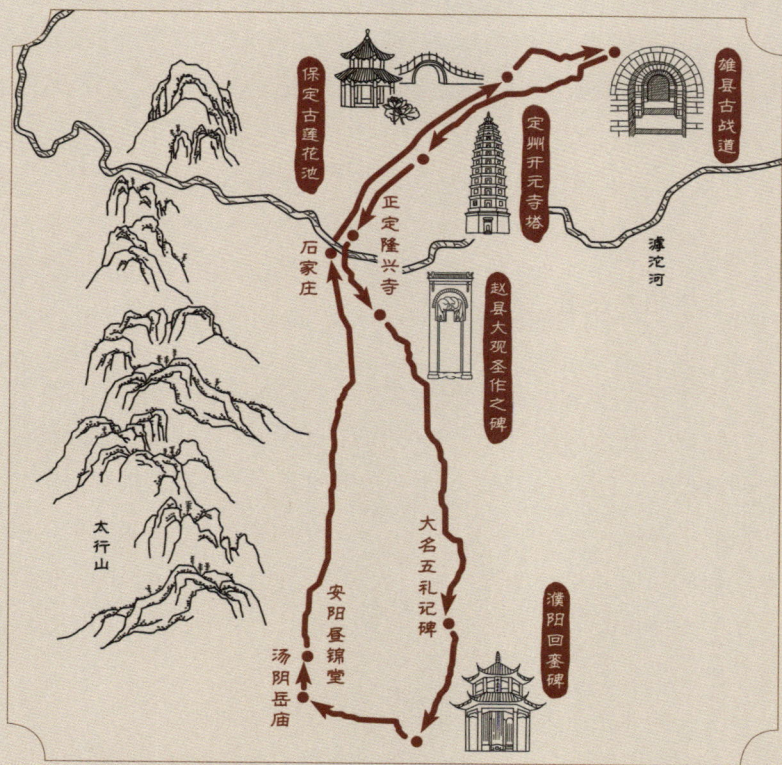

保定古莲花池

定州开元寺塔

雄县古战道

滹沱河

正定隆兴寺

石家庄

赵县大观圣作之碑

太行山

大名五礼记碑

安阳昼锦堂

汤阴岳庙

濮阳回銮碑

河北行程：定州开元寺塔、雄县古战道、保定古莲花池、正定隆兴寺、赵县大观圣作之碑、大名《御制大观五礼之记》碑、濮阳回銮碑、汤阴岳庙、安阳昼锦堂

一、天下根本在镇、定

宋朝的开篇陈桥兵变还有一个引子，就是镇州和定州的情报系统好像出了什么问题。公元960年的农历元旦，后周朝廷得到镇、定两州报告，称契丹即将联合北汉大举进犯，于是派殿前都点检赵匡胤北上御敌。镇州即今正定县，镇、定两州距开封800余里，但赵匡胤的军队并没有抵达边境，大军在距离开封城30里的陈桥驿过了一夜便折返了。此后改朝换代顺利进行，将要进犯北境的辽汉联军则踪影全无。

今天的北京唐宋时称为幽州。后晋石敬瑭将幽州割让给契丹，导致河北无险可守。宋辽边界虽在白沟河（今河北保定高碑店有白沟镇），似乎霸州、雄州（今河北雄县）、保州（今河北保定）才是边境城市，但华北平原一马平川，契丹骑兵可以随时抵达镇、定城下。因此镇州与定州军事意义重大，当时号称"天下根本在河北，河北根本在镇、定"。

太平兴国四年（979），宋太宗赵光义御驾亲征，消灭北汉之后，转而攻辽，企图一举夺取幽州。宋辽双方在高梁河交战，宋军

北京高梁桥路

北京南长河

大败，赵光义中箭逃亡。《辽史》记载，"宋主仅以身免，至涿州，窃乘驴车遁去"。涿州仍在辽境，辽军的追击至此而止，赵光义并未停下逃跑步伐，继续奔驰数百里，至定州才惊魂甫定。

2015 年 5 月，在北京开会的间隙，我独自在西直门外寻找高梁河故地。高梁河就是流经北京动物园的长河，保留至今的高梁桥（建于清代，北京西城区文物保护单位）、高梁桥路、高梁桥斜街等地名，仍能勾连起某种历史记忆。不过今天这里车水马龙，是地铁、高架桥、西环广场的凯德 MALL 汇成的现代都市景象。

宋仁宗皇祐五年（1053），边境重镇定州迎来了第三十六位知州宋祁。定州之前的长官都是武人，宋祁与他的前任韩琦开创了宋朝历史上文官知定州的先河。韩琦曾是西北战场的统帅，宋祁则是翰林学士出身，没有任何军事经验。虽然澶渊之盟（1004）以后宋辽边境长期和平，但定州毕竟是边境重镇，数万禁军驻扎于此，时年五十六岁的宋祁感到压力巨大，"早夜震惶"。于是他上了一道札子，引用"天下根本在河北，河北根本在镇、定"的俗语，强调镇、定两州"扼冲要，为国门户"，并提出一系列加强军备的建议。然而承平日久，文人知州，定州的军备还是无可挽回地衰落了。元祐八年（1093），高太后去世，宋哲宗亲政，宋朝政局再次面临变局。这一年，端明殿学士兼翰林侍读学士苏轼请求离京出知"重难边郡"。苏轼抵达定州时，看到军政坏弛，卫卒骄惰，廪赐被大肆侵吞，文官对军士也无可奈何。苏轼着力整顿，整治军库，禁止饮博。他视察时发现"营房大段损坏，不庇风雨"，"椽柱腐烂，大半无瓦"，士兵的生活，"一床一灶之外，转动不得"，"妻子冻馁，十有五六"，然而苏轼无钱缮修，不得不向朝廷请求支赐一批僧人空名度牒以筹措经费。苏轼知定州不过十一个月，所上奏章多为整饬兵备的建议和请求。他为规范春季阅兵仪式，差点参劾老将王光祖。从苏轼的百般补救，也可以看出定州军备的弛懈已是积重难返。

二、料敌塔，宋筑以望契丹者

宋代的定州历史可以分为澶渊之盟前、后两个阶段，长官也随之分为武将、文官两种类型。开元寺塔内丰富的文字资料也分两种：一是当地军民的佛教结社碑刻，二是文人的登塔题记。

苏轼在定州将近一年，留下了二三十篇诗文，从未提及开元寺塔，开元寺塔内外也没有留下苏轼的题记。这难免让后人感到困惑，一代文豪苏轼竟然从未曾登临过开元寺塔。1995 年至 2001 年间开元寺塔大修，工作人员在塔内三至四层踏道拱券西侧王寀题记中发现"东坡"两字。题记颇像一则旅游引导，提醒各位游客登顶去参观苏轼的墨迹：

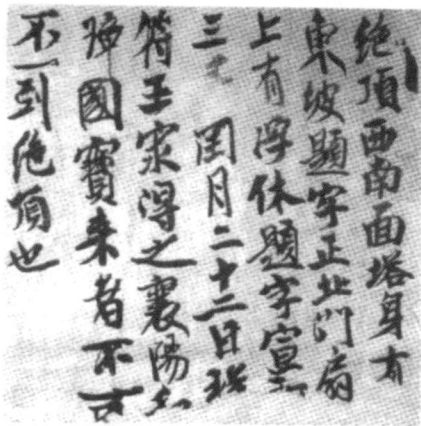

王寀题记摹本

　　绝顶西南面塔身有东坡题字。正北门扇上有浮休题字。宣和三年闰月二十二日。祥符王寀得之，襄阳□璋国宝。来者不可不一到绝顶也。

但今天登上十一层塔顶找不到任何苏轼题字。倒不是王寀的题

定州开元寺塔

记有误，《燕山丛录》记载料敌塔原本"高十三级"，塔的最高两层今天已经消失了。

明代徐昌祚的《燕山丛录》不仅记载定州开元寺塔"高十三级"，而且直言"塔名料敌塔"，修塔的目的是"望契丹"，即侦察北境敌情。开元寺塔高80余米，号称中国最高砖塔，地处军事重镇，用于侦察敌情理所当然。但《燕山丛录》是明人作品，现存宋辽金文献中未见"料敌塔"说法，开元寺塔的功能是否专为"料敌"，恐怕难有定论。或认为塔由僧人主持修造，经费多向民间筹措，似非官方军事工程。但宋代皇帝、将领善用僧人刺探情报，修塔僧人会能（一说为令能）曾"奉圣旨西天取经回"而"得舍利子"，又尽伐嘉山之木修成宝塔，很难说整个过程不是宋朝情报系统的杰作。

开元寺塔始修与修成的时间也有争议。开元寺塔内壁所刻《佛说金刚寿命修塔陀罗尼经》记载始修时间是宋真宗咸平四年（1001），但宋祁《开元寺塔偶成题十韵》自注始修于宋太宗至道元年（995），修成于宋仁宗至和二年（1055），历时六十年，因此诗曰"雄成宝塔新，经营一甲子"。也有学者认为修成时间是宋真宗去世的乾兴元年（1022）。无论如何，开元寺塔始修于澶渊之盟（1004）之前，当时战争频仍，专为"料敌"修塔也合乎情理，但修成之时宋辽已达成和平盟约，"料敌塔"便成了文人登览的景观。

三、老母在蕃中一十八年

今天的开元寺塔孤零零地耸立在定州市仓门口街一处文管所的院子里。宝塔所属开元寺最早是北魏太和时期兴建的七帝寺，隋开皇年间更名为正解寺。唐玄宗开元时期将各地"定形胜观寺，改以开元为额"，从此"开元寺"遍布全国。清道光年间开元寺已经毁坏，2014年当地奠基重建，我和老沈寻访之时尚未竣工。

开元寺塔是第一批国家重点文物保护单位，20世纪80年代已十分破败。维修工程自1988年开始，2004年完工，历时十五年之久，此后限制性对游客开放。现存宝塔为八面十一级，白墙红椽，挺拔宏伟，通透莹洁，别具风格。

由于限制性开放，普通游客无缘寻访塔内众多文字资料。不过文字资料早经当地文物及史学工作者系统整理、研究，除文人题记外，多为北宋军民佛教结社碑铭。今天阅读这些文字，会觉得"燕赵古称多感慨悲歌之士"只是长期战争的副产品。北宋时定州仅禁军就有一万至二万余人，塔内碑刻不但可以找到山南东道节度使王显、天平军节度使王超的名字，更有从指挥使、军使、兵马使到长行、节级、普通士卒等2795位军人的姓名。定州民众过着边境城市特有的军事化生活，土地多为军方屯田，不少人成为双方的谍报人员。定州有些地方还属于"两属地"，这里的民众需要同时向宋、辽两国缴纳赋税或服差役。

战争制造了许多悲欢离合、生死无常的故事。定州北仅30公里的唐县是传说中唐尧的封地，北宋时，唐县赵母乡诚谏村有个叫刘希遵的人，他的母亲在契丹人的劫掠中被掳走。刘希遵在佛祖面前发愿，如果今生还能见到慈母，愿烧砖一万口于舍利塔上。祈祷十八年后，刘希遵从辽国接回母亲。此时恰逢开元寺塔修建，刘希遵先捐钱烧一万块砖，然后召集千人结邑社，每人每年向开元寺施钱一万两千文。今天如果有幸登塔，仍能在塔内第三层的碑刻中读到这段往事及结社千人的姓名，感受历史中普通人的情感与信仰的力量。

战争在定州留下了深刻的烙印。我们寻访料敌塔时，正值中国抗日战争胜利70周年。文管所的院子除了散落的开元寺塔文物，

刘希遵碑

　　部分铭文：唐县赵母乡诚谏村刘希遵，早为值仕马打虏，老母在蕃中
一十八年，尊发重愿，去取慈母，托自□取得慈母回来，有愿烧砖一万口于舍
利塔上，结缘已毕。今又□到邑众一千人，每人逐年各施钱一佰二十足陌,今具
邑众姓名如后……

还有一件日军侵华的铁证"建设东亚新秩序纪念塔"，须弥座上刻
着"定县全县绅商代表"为日军歌功颂德的铭文，这背后又不知是
多少无常与心酸。

相关事件年表

987　李继迁败宋军于夏州。

988　宋辽交战。

989　宋辽交战，李继迁朝贡契丹。

990　辽封李继迁为夏国王。

991　李继迁归宋，复降辽。

992　赵普去世。

993　王小波起义。

994　李顺据成都。

995　宋辽交战。立赵恒为太子。

996　讨李继迁。

997　赵光义去世，赵恒（宋真宗）继位。

宋真宗亲征荣辱记：濮阳回銮碑

　　我们在冀豫两省的寻宋之旅超过了1300公里。行程自北而南，经过雄县、保定、清苑、定州、正定、石家庄、赵县、邯郸、大名、安阳、汤阴、濮阳等十二个县市，走访了从远古至近代的三十七处文物遗迹。这里有五帝三代时期的颛顼玄宫、殷墟、羑里文王演卦处，有战国中山王陵、汉代中山王陵、曹操高陵，有儒家的子路祠，佛教的隆兴寺、柏林寺，有近代的陆军军官学校与袁世凯大总统墓。宋代的内容，则有定州开元寺塔、赵州陀罗尼经幢、大名《御制大观五礼之记》碑、汤阴岳庙、安阳昼锦堂等遗迹十二种。我是浙江人，如果穿越到三千年前，北上的越国人仅凭这次旅行也要臣服于中原文化。但在当时，太多怀古之情不知如何安放，竟会产生某种旅游的虚无感。我在想，行万里路，真的能比读万卷书更真切地体验历史吗？寻宋之旅如果不是为史书作注脚，又将构建怎样不同的宋史叙述？

这次行程的最南端是濮阳，濮阳就是宋代的澶州。一千多年前，黄河在此穿流而过。辽军南侵没有能越过澶州，公元1004年，宋辽君主誓约休战，史称"澶渊之盟"。今天某部中国战争史所绘《宋拒辽三道国防线图》中，宋朝的第一道国防线跨越太行山，由河北的霸州—雄州（县）—遂城与山西的平型关—雁门关—宁武关共同构成；第二道、第三道国防线压缩在河北，分别为邢州（今河北邢台）—赵州（今河北赵县）—沧州一线、磁州（今河北磁县）—大名—博州（今山东聊城）一线。突破了这三道国防线，辽军便可抵达冬季结冰的黄河岸边，兵临澶州。开封距此不过200余里。我们在雄州、赵州、大名、濮阳寻宋，是不折不扣的宋朝国防线之旅。不过今天能看到的宋辽战争遗迹，也只有雄州古战道与濮阳回銮碑。

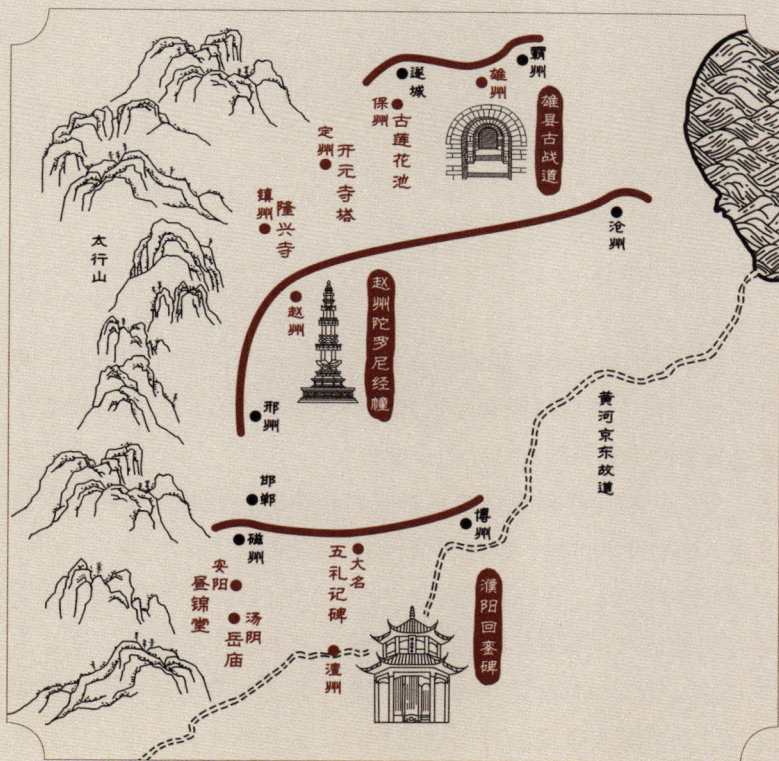

宋拒辽三道国防线及河北宋代文物遗址分布图

一、雄州古战道

雄州古地道在地下藏了一千多年，因为洪水得以重见天日。20世纪90年代，雄县建成宋辽古战道公园。多数专家相信古战道是宋辽战争的遗物，但具体功能众说纷纭。

我们从定州开元寺塔赶到雄县将台路时已经是下午四时。这里是当地的建材市场，密布着销售木门、吊顶、瓷砖之类的门店。喧嚣闹市的中间，有一处石狮守卫的仿古城门建筑，门口竖着"宋辽边关地道"国保碑，"城门"上题有"宋辽古战道"的烫金大字。进入景区，面前是一片绿地，东、北各建有凉亭作为地道的出入口。与抗战时期的冉庄地道相比，砖构的雄县古地道尤显规整壮阔。地道内安装着照明设施，各处还摆放着"迷魂洞""藏兵洞""放灯处""休息处"之类的标识牌。景区也张贴着古地道的图文说明，说雄州与霸州地道相通，延绵达60公里，又说古战道乃杨家将第二代战神杨六郎（杨延昭）所建。

与河北"宋辽边关地道"相关的考古报告、研究论文、新闻报道很多，甚至专门召开过学术研讨会。综合各种资料，目前所知古

雄州古战道

古战道内部

战道的基本情况如下：

1. 分布甚广。河北境内砖构古地道分布于永清、霸州、雄县、蠡县、邯郸等地，其中永清在澶渊之盟之后属于辽国，霸州、雄州、蠡县在宋对辽第一道国防线附近，邯郸在第二道、第三道国防线之间。

2. 史无明载。一般认为河北古地道修筑于宋代，但未见当时的任何文字记载。最早记述古战道的文献似乎是明清方志，内容多为重新发现古地道的描述，以及对古战道的种种猜测。

3. 证据可疑。由于缺乏文献记载，古地道修筑于宋代的最可靠证据是地道内发现的辽宋时期瓷器，但并没有见到相关瓷器的发现、鉴定报告及实物照片。网上也有人发文怀疑瓷器是发掘时有人带进去的。

4. 时代不确定。多数意见认为，这些古战道修筑于澶渊之盟以前，邯郸等较南地区的古地道或属于宋金战争的军事设施。但也有部分学者相信，这些地道不过是元明时期民间富户的战争避难所，并不具备军事意义。

5. 形态不明确。各地多有考古报告描绘古地道的结构与形制，但散布多地的古地道难以用作军事设施。清代方志记载霸州与雄县的古地道相互连通，据称这座"地下长城"已经被探测并得到了证实，但未见相关报告公布。

6. 功能不明确。地道的用途，有用来秘密运输、偷袭、避难等各种推测。

7. 修筑者不明确。一般认为是宋代军人修筑。根据这一逻辑，永清古战道或为辽军所修，邯郸古地道则可能出自南宋抗金义军甚至金国抗元军民之手。

8. 民间传说与史籍记载不能完全吻合。雄州一带流传着杨六郎威镇三关的故事，地方宣传也叙述着杨延昭地道战大破辽军的传说。但杨延昭主要在保州（今河北保定）、莫州（今属河北任丘）一带任职，也曾在遂城（今属河北保定）等地指挥冰城计、羊山伏击等著名战役，修筑雄州战道似乎不属他的职责范围。

9. 永清、雄县等地有古地道旅游开发的各种尝试，总体上不算成功。

罗列以上信息，是想说明古战道的历史记忆早已模糊不清。我们顺访的冉庄地道战纪念馆是著名的红色教育基地，宣扬的理念迥异于传统政治文化。中国古代虽然也有忠烈庙，但少见为战争本身树碑纪念。兵者不祥，是司马迁开创的战争史叙述基调，历史书写者往往对战争细节采取回避的态度，有人甚至认为古代的战争史叙述只是文人的想象。雄县古战道的暧昧正是这种战争文化的写照，宋代边境的战争故事只能在民间故事中口口相传，历史中军人的情怀、命运，就像雄州古战道一样，被长期压抑、遮蔽，始终含混不清。

二、澶州回銮碑

9月10日下午，我们终于抵达这次寻宋的南端濮阳，寻访据说是澶渊之盟唯一史迹的回銮碑。回銮碑景区在濮阳御井街与新华街交叉口，屋宇式大门上挂着"回銮碑"匾额，还挂着"保护历史文化遗产，弘扬优秀传统文化，我为老城点赞"的横幅。景区大门紧锁，角落里堆一摞疑似水泥包的物件，我们沿围墙绕了一圈，发现景区正在施工整修，张贴着"暂停开放"的通知。我们实在有些不甘心，试着去敲大门，几位施工人员见我们态度急切，同意我们入内参观。

回銮碑景区门口

景区亭子内的回銮碑

景区内是两座亭子，近处亭子内是所谓宋真宗用过的御井，远处亭子内便是回銮碑。碑其实有三通，均以玻璃罩保护。中间是原碑，残损严重，左边石碑是1978年当地政府根据拓片制作的复制品，右边石碑上是民国时期的题诗。回銮碑题刻宋真宋赵恒御诗《契丹出境》，诗云：

> 我为忧民切，戎车暂省方。征旗明爱日，利器莹秋霜。锐旅怀忠节，群胡窜北荒。坚冰消巨浪，轻吹集嘉祥。继好安边境，和同乐小康。上天垂助顺，回旆跃龙骧。

碑亭前有说明：

> 此碑立于北宋真宗景德元年（公元1004年），是宋、辽澶州之战及澶渊之盟纪念碑，因上镌宋真宗御撰、宰相寇准书丹的《契丹出境》诗（又称《回銮诗》），故称"契丹出境碑"或"回銮碑"。

这段文字有两个知识错误，一是回銮碑立碑时间在宋仁宗至和二年（1055），而非景德元年，二是回銮碑为宋真宗御制御题，实非寇准书丹。

2004年12月3日至5日，北京大学中国古代史研究中心与濮阳市文化局等单位在濮阳联合举办"澶渊之盟一千周年国际学术研讨会"。李锡厚教授在会上发表《论"澶渊之盟"非"城下之盟"》一文，对澶渊之盟的论述基调有了改变，一直被看作是屈辱和退让的"澶渊之盟"，被认为是开创太平之世的契机。濮阳龙文化研究会的郭爱民先生则发表《宋"契丹出境"碑辨疑》，指出回銮碑由寇准书丹、立于景德元年的说法出自1978年濮阳县革委会重建碑亭时撰写的契丹出境碑简介，并依据《玉海》等史料厘清了濮阳回銮碑的来龙去脉。

澶渊之盟达成后，宋真宗在澶州与群臣宴饮赋诗，要求臣僚们唱和，随行的翰林学士杨亿等均有和诗留存。但宋真宗回銮，并没有将御诗留在澶州。四十余年后，即庆历八年（1048）的一天，宋仁宗赵祯带着近臣、宗室到龙图阁、天章阁奉观祖、父宸翰，包括宋太宗的《游艺集》、宋真宗澶州亲征的诗作。七年之后，即至和二年（1055），宋仁宗将宋真宗《回銮诗》赐给澶州官府保管并刻石收藏，两年后又命宰相文彦博篆额。今天文彦博篆额已不知所终。可以确定的是，回銮碑与寇准没有什么关系。

1945年陈毅奉命从延安赴山东，路过濮阳，作诗《秋过濮阳，月下与人谈毛主席飞渝事》，有一句"能掷孤注寇莱好"，寇莱就是寇准（莱国公）。史书中，寇准在澶渊之战的表现过于戏剧化，他几乎是逼着宋真宗渡过黄河亲征，甚至说他原本不同意议和而坚持收复燕云，后来范仲淹评价寇准"左右天子为大忠"。如此说来，濮阳当地应该为寇准塑像纪念，但宋时并没有出现这样的事情。宋真宗《回銮诗》称"继好安边境，和同乐小康"，强调澶渊之盟开创太平盛世的意味，然而宋廷也没有像唐蕃会盟碑那样为澶渊之盟树碑，官方史书甚至刻意失载盟约内容（《真宗实录》未载澶渊誓书）。显然，宋朝军民对于澶渊之盟是否值得隆重纪念尚存疑问。四十余年后，宋仁宗命人在濮阳为宋真宗《回銮诗》刻石立碑，这一举动，可能是仁宗体会到成人的世界里没有"容易"两字，是作为儿子对父亲煎熬岁月的私人追怀。

三、保定古莲花池

　　保定并不在我们的计划当中，只是顺路探访，因为这里似乎没有重要的宋代遗迹。清代时保定是直隶省会，民国时保定陆军军官学校更确立了保定在中国近代史上的重要地位。军校毕业生们各自的命运让人唏嘘，校长蒋百里还是我和老沈的同乡。我们在保定住了两晚，去了各种景点，无意中却在古莲花池发现了两种宋碑。

保定古莲花池

《送皇仪使知保州军州事曹偓诗》碑

《送李諒移守保塞诗》碑

保定古莲花池为元代所建，名为"雪香园"，明代时改名为"水鉴公署"，清雍正时在这里建莲池书院，成为直隶全省的教育和研学中心。乾隆、嘉庆、光绪时又是皇帝行宫，身份显赫。古莲花池精致漂亮，将不同时期的历史遗迹堆叠起来。1948年保定解放之后，市政府利用城中寺观、祠堂、官署的废弃石料整修古莲花池，运来的石料当中，就有历代碑铭。今天这些碑铭被重新整理保护起来，因此古莲花池也形成了一个小小的碑林。

两种宋碑，一是熙宁七年（1074）的《送皇仪使知保州军州事曹偓诗》碑，一是元祐四年（1089）的《送李諒移守保塞诗》碑，内容都是文人送武将往保州就职的送行诗。曹偓是宋初名将曹彬之孙，送行者不详，为李谅送行的文人则包括著名的蔡京。如果说唐朝的边塞诗体现出文人对建功立业的渴望，这些诗碑只能说明宋朝边塞将领很在意与士大夫的交往。不过诗碑原物早已碎为石料，现在所见是20世纪80年代旧拓复制。这一小段诗碑史也算跌宕起伏，就当是宋代文治与武功各自命运无常转换的一个缩影吧。

相关事件年表

998　辽耶律休哥去世。

999　杨延昭遂城御辽军。

1000　宋辽交战。

1001　李继迁陷清远军。

1002　李继迁陷灵州。宋辽交战。

1003　宋辽交战。李继迁去世，子德明嗣。

1004　宋辽交战，澶渊之盟。

宋真宗封禅：泰山宋摩崖

　　泰安、曲阜本来是亲子游，主要目的是带孩子们登泰山巅、拜孔圣庙。登上泰山的 2015 年 7 月 30 日，是小儿七岁的生日，登山纪念章挂上脖子的那一刻，他兴奋无比，可在曲阜，孩子的兴趣只剩下坐马车了。

　　寻宋是这次亲子游的顺带计划，没有做足功课。出发之前简单梳理了两个目的，传说岱庙大殿壁画所绘是宋真宗封禅卤簿，这次想一看究竟，还有作为东夷族群发源地的曲阜，少昊陵为何与寿丘纠缠不清，也是一直困扰我的问题。结果就忽略了泰山上除了唐摩崖还有宋摩崖，没注意儒教祖庭孔庙的格局其实是宋真宗封禅之行的副产品，也不了解少昊陵附近还有景灵宫遗址。惊喜与惭愧伴随着泰安、曲阜之旅，一些新鲜的观念也由此形成。

从文物遗迹的角度讲，留下历史记忆最多的北宋皇帝其实是崇道的宋真宗、宋徽宗，他们与开国的太祖、太宗，以及寄托着士大夫政治理想的仁宗、神宗，构成北宋皇帝及历史书写的三种类型。宋真宗赵恒这位泰安、曲阜寻宋的绝对主角，他身上的闹剧小丑形象，只能说是某种文化傲慢与偏见的产物。

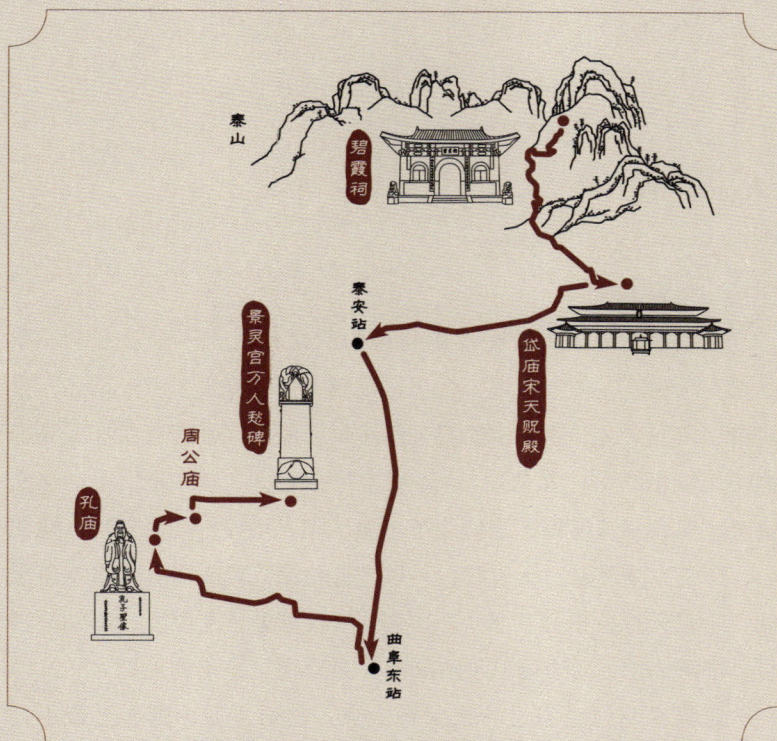

泰安、曲阜行程：泰山碧霞祠、岱庙宋天贶殿、孔庙、周公庙、景灵宫万人愁碑

泰山

碧霞祠

泰安站

景灵宫万人愁碑

周公庙

岱庙宋天贶殿

孔庙

曲阜东站

一、泰山大观峰"宋摩崖"

秦、汉、唐、宋曾在泰山封禅的六位帝王无不刻石纪功。秦始皇泰山刻石在宋代已残，后历尽劫数，只残存十字存于岱庙。汉武帝、汉光武帝、唐高宗的封禅摩崖早已湮灭，唯唐玄宗在大观峰的《纪泰山铭》光彩依旧。"唐摩崖"高13米，宽5米，千字铭文雍容庄重，气势磅礴，因填涂了金泥，阳光下显得光彩夺目。铭文中，唐玄宗李隆基对天宣誓，将以"慈俭谦"治天下，祈求李唐王朝"永保天禄，子孙其承之"。三十年后安史之乱爆发，不知是否可以理解为上天对李隆基没有履行"慈俭谦"承诺的惩罚。

宋真宗赵恒也有过一次封禅大典，赵恒之后，则再无帝王封禅。据说当时王钦若离间赵恒与寇准间的君臣关系，指澶渊之盟为城下之盟，令大宋蒙羞，为挽回大宋颜面，提议赵恒封禅泰山。于是，大中祥符元年（1008）十一月，赵恒的封禅大典顺利进行，在大观峰观赏过唐玄宗《纪泰山铭》后，少不得也要刻石纪功。泰山登至大观峰，唐摩崖往左经青帝宫直抵玉皇顶，往右则少人问津，其实这里也有不少摩崖，其中以"德星岩"三字最为醒目。这就是宋真宗的泰山铭文，至今保留若干残字及"德星岩"左上方的篆额"登泰山谢天书述二圣功德之铭"十三字。"谢天书"指不久前天书降临泰山，"二圣"指太祖、太宗。封禅的重点是"告太平于天"，澶渊之盟虽然奠定宋辽百年和平，但王钦若"城下之盟"的指责大概给赵恒造成了心理阴影，铭文主要是谢天谢地谢祖宗。

今天泰山"宋摩崖"已读不到赵恒泰山铭全文。明嘉靖四十三年（1564），泰安知州翟涛与诸僚友同游泰山，自诩"德星"相聚，磨去赵恒铭文，重刻"德星岩"三字，每字近一米见方。清嘉庆八

泰山唐摩崖

泰山宋摩崖

年（1803），泰安知县舒辂又凿刻十字诗文，赵恒铭文至此破坏殆尽。不知饱读诗书的士大夫为何如此亵渎前朝君主的封禅铭刻，复刻诗句倒有点意思——"只有天在上，更无山与齐"，这句出自寇准《咏华山》诗，舒辂此举张冠李戴，难道是为寇准鸣不平？其实赵恒说要封禅，寇准立即从陕州打报告说想参加，可见他坚决拥护皇帝的神道设教。赵恒似乎预感到他的泰山铭文会遭人为破坏，又以五块巨石制成复本立于岱庙，可惜也毁于1951年。

二、岱庙的"宋天贶殿"及"宋壁画"

我一直好奇岱庙大殿壁画所绘与真宗封禅是否相关，并不知道大殿上还有"宋天贶殿"匾额，有些书中甚至说这是"宋真宗赵恒赐额"。

岱庙大殿原称"峻极殿"。1928年，时任山东省政府主席的孙良诚下令将岱庙改建为中山公园与中山市场，"峻极殿"改成"人民大会场"。第二年中原大战爆发，孙良诚被赶走，新任山东省政府主席韩复榘下令修复岱庙，旧官僚赵新儒具体负责。赵新儒掉了个书袋，因为《泰山图志》《泰山道里记》等文献记载"峻极殿即宋之天贶殿"，便把"峻极殿"复古为"天贶殿"，于是有了《岱庙天贶殿启事》之类的公文，更出现了山东商会会长辛铸九题写的"宋天贶殿"匾额。

但"峻极殿"与"天贶殿"毫无关系。清嘉庆年间，泰安知府金棨在岱庙众多碑铭中发现天贶殿碑，他觉得挺神奇，写了一篇跋说明碑铭的来历，不过这篇文字基本上属于个人想象。金棨说天贶殿碑既然立于宋真宗封禅后不久（1009），是天贶殿竣工之后的产物，那天贶殿应该就在立碑处，只是"其遗址不能确指矣"。与他

岱庙"宋天贶殿"

同时代的王昶编了一部《金石萃编》，进一步说，天贶殿既然在立碑处，"岂即所谓峻极殿耶"。

其实这些人说的完全不对。岱庙中很多碑原本不属于岱庙。天贶殿碑在岱庙众碑中尤显矮小粗糙，毫不起眼，告诉你碑在大殿前西侧碑林你也未必能找到。这里有一通明天顺五年（1461）的"东岳泰山之神重修碑"，没错，它的背面就是"大宋天贶殿碑"，没被磨平已属幸运。天贶殿碑最初确实立在天贶殿，后来殿毁碑存，碑被当作废弃石料回收至岱庙。天贶殿在明代早已湮灭，今天通过考古发掘，确认原址就在东岳大街与奈河交汇的上河桥西南侧。这里又称"醴泉"，因为宋真宗封禅之前曾有泉水涌出，泉水边树梢上还挂着天书，上书"皇帝崇孝育民，寿历遐岁"十个大字。于是赵恒下令在涌泉处盖"灵液亭"，在天书降临处建"天书观"。天书观又名"乾元观"，它的主殿即"天贶殿"。

"东岳泰山之神重修碑"的碑身与碑首

"东岳泰山之神重修碑"背面的"大宋天贶殿碑"

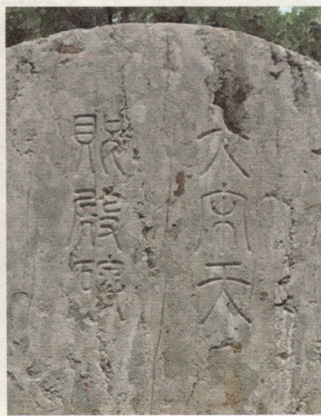

天书观遗址

移于岱庙的"醴泉"碑

把岱庙主殿误认为"宋天贶殿"还导致另一个误会，人们把殿中的壁画也误认为是宋画，还把原画的绘制时间精确到大中祥符二年（1009），甚至煞有其事地说，这幅《泰山神启跸回銮图》其实画的是宋真宗东巡泰山的情形。岱庙壁画虽说气势恢宏，形象生动，但比其他宋代寺观的壁画逊色许多，且画中服饰、建筑多呈清代特色，宋画损毁后清代重绘的说法明显是遁词。其实康熙十七年（1678）重修岱庙的督工张所存撰《岱庙履历纪事》明确记载，壁画是当时请画工绘制，只是未记录这位画工的名字。1986年，泰安市大汶口镇的史志工作者在颜谢村发现一部《全德堂刘氏

天贶殿主殿壁画局部

族谱》。颜谢村刘氏在明末也是世家望族，后来家道中落。谱中记载，康熙年间族中有位以绘画为生的青年刘志学，"善丹青，泰邑峻极殿壁画即其所绘"，显然他就是《泰山神启跸回銮图》的作者。

三、寿丘与万人愁碑

据说巴黎和会上，顾维钧将山东比作东方的耶路撒冷，这一类比，自然是因为山东有曲阜，而曲阜有三孔（孔府、孔庙、孔林）的缘故。其实曲阜的辉煌历史还在孔圣人之前，传说人文始祖黄帝轩辕氏就出生在曲阜，又说黄帝的儿子玄嚣就是少昊，死后葬在了曲阜。历史上曲阜最早称"奄"，曾经是商朝国都，后来独立建国。西周初年，周公从陕西打到山东，灭奄国，建鲁国，统治山东旧族群。

宋真宗知识广博，又颇富有想象力。封禅后他巡幸曲阜，除祭孔子外，又重建周公庙，还决定把曲阜的黄帝认作自己的祖宗。回到开封后，赵恒说有神仙给他托梦，神仙名叫"九天司命上卿保生

天尊",是"人皇"九兄弟之一,曾三次下凡到人间。第一次下界,
人间大概还是蛮荒时期;第二次下凡,神人在电闪雷鸣中投胎于寿
丘的一位妇人,生下来就是轩辕氏黄帝;第三次下凡是后唐时,神
人投胎到赵姓人家,取名赵玄朗(就是武财神赵公元帅),这就是
赵宋家的祖宗。今天曲阜少昊陵景区可以见到一座被称为"中国金
字塔"的石构建筑,据说就是宋真宗修筑的"寿丘"(垒石为坟)。
宋真宗又在寿丘建景灵宫(太极观)以供奉祖宗赵玄朗,还把曲阜
县改名为仙源县,宣扬自己是神仙的后代。因此少昊陵景区稍北,
又有景灵宫遗址及仙源县故城。

　　宣和年间,宋徽宗曾在曲阜景灵宫立五通巨碑。巨碑高近16
米,相当于六层楼房,站在碑下留影,身高尚不及赑屃下颚,因其
体型庞大而称"万人愁碑"。这些中国最高的巨碑还来不及刻字,
金军已经攻破开封。现在重新扶立的二通巨碑,其一刻"庆寿"两

曲阜少昊陵

曲阜少昊陵景区的寿丘

景灵宫遗址宋代巨碑

巨字，据说是明人费宏的手笔。推倒并砸碎这些巨碑（仆而碎之）的是乾隆十三年（1748）清高宗弘历东巡时的某些官员。这就比较奇怪，难道有大臣揣摩圣意，琢磨乾隆皇帝看到这些巨碑会龙颜大怒？

"万人愁碑"已经足够悬疑，最诡异的还是少昊陵。宋代以前并无曲阜少昊陵的记载，不知何时有了"少昊葬云阳"而"云阳"在曲阜的说法。然后少昊陵神秘现身。古书翻多了，有时会看出一些古怪来。"万人愁碑"的来历众说纷纭，最奇怪的说法是碑为金人所立，立碑原因是冒认"少昊金天氏"为先祖。"黄帝轩辕氏"与"少昊金天氏"都属于三皇五帝系统，宋、金分别追认黄帝与少昊为始祖，宋真宗为祖先修的"寿丘"与景灵宫被金人毁了，然后少昊陵神秘出现，"后金"的乾隆皇帝巡幸曲阜时，又把宋朝景灵宫的巨碑毁了……这不就是汉族与女真的祖先争夺战吗？

四、孔庙与碧霞祠

宋真宗真是一位不受待见的皇帝，东封泰山，巡幸曲阜，结果他的泰山铭文、天贶殿、景灵宫全给毁了。或许儒生们觉得皇帝不应该崇奉道教，所以他们丑化宋真宗不遗余力。但老实说这非常不公平，毕竟是宋真宗重修了曲阜周公庙，并且奠定了儒教祖庭孔庙今天宏伟的规模与格局。

对照一下历代平面图，孔庙至唐代还只是单进庭院，宋代时，今天的主体建筑的格局已经形成，后世不过增建了棂星门至同文门的多道牌坊。今天孔庙的"奎文阁"原名"御书楼"，始建于宋真宗天禧年间，最早用于收藏宋太宗御书。主殿原在今天杏坛的位置，天禧年间移建于今址，原名"文宣王殿"，宋徽宗政和年间改名"大成殿"。寝殿是孔子夫人丌官氏的专祠，同样增修于天禧年间。东路建筑"诗礼堂"原为孔子故宅，宋真宗拜谒孔庙时驻跸于此，并诏令供孔氏族人祭祀时斋居。西路建筑也是宋真宗时增建，用于祭祀孔子父母，当时的建筑就有启圣门、毓圣侯殿（祀尼山山神，后重建为金丝堂）、齐国公殿（今启圣祠，祀孔子父亲叔梁纥）、鲁国太夫人殿（今启圣寝殿，祀孔子母亲颜徵在）、五贤堂（祀孟子、荀子、扬雄、王通、韩愈五人）等。

宋真宗在泰安、曲阜两地留下了深刻烙印，可儒家精英却打算将他刻意遗忘，这真是书本上读不明白的历史。儒生们崇尚的诗书礼仪人们未必喜闻乐见，宋真宗的迷信活动，倒自有深入人心之处。碧霞元君是与妈祖齐名的北方女神，前身是泰山玉女。宋初泰山太平顶已有玉女池，池泉"壅而浊"。因为宋真宗封禅，王钦

曲阜周公庙宋碑

泰山碧霞灵应宫

若计划整治玉女池，施工时，泉水突然变得盈盈清澈，喝起来有点甜。宋真宗因此下令塑玉女像，登泰山时亲临拜谒，还命人撰写《玉女像记》。最迟至宋仁宗时，泰山玉女已有祠庙。元代玉女祠改为昭真祠，玉女被称为"大仙"。明代泰山玉女信仰遭士大夫压制，但在民间蓬勃发展，道教又将泰山玉女改造成"碧霞元君"，还说她是泰山山神的女儿。后来玉女终于获得朝廷认证，在民间更受欢迎。

不过这也改变不了宋真宗受儒生嘲弄与民间遗忘的命运。人们宁愿欣赏与同情唐玄宗、宋徽宗之类有才华的昏君，宋真宗这样庸弱却能开创太平之世的帝王，容易让人产生莫名其妙的优越感。或许，宋真宗这样才算是"为某种事业卑贱地活着"吧。

相关事件年表

1005　宋辽交聘。

1006　封赵德明西平王。

1007　始议封禅。

1008　泰山封禅。

1009　崇道教。

1010　辽册李德明为夏国王。

1011　诏州城置孔子庙。

1012　宋真宗梦玉皇，降圣祖。

1013　王钦若修成《册府元龟》。

1014　玉清昭应宫修成。

1015　抄校馆阁书籍。

1016　王钦若上道藏《宝文统录》。

1017　蝗旱。

1018　立赵祯为太子。

1019　寇准再次拜相。

李元昊建国：银川西夏王陵

在苏浙赣等周边地区寻宋之后，我和老沈开始筹划长途旅行。我们的第一站是遥远的宋朝西北边境。宋夏战争贯穿整部北宋史，又以仁宗朝宋军三败、元昊称帝那段历史最富传奇色彩。2015年四五月间，我们开始了宁夏、甘肃的寻宋之旅。行程分为两部分，一是在银川、武威参观西夏遗迹，包括承天寺塔、西夏王陵与西夏碑，二是固原寻访好水川、定川寨等宋夏战场。整个行程由银川进，从兰州出，银川之行后，我们先坐火车到武威，再从武威至兰州，租车开启固原的自驾行。

除西夏王陵外，银川承天寺塔与武威"凉州重修护国寺感应塔碑"（西夏碑）也是最重要的西夏遗迹。1048年元昊去世，一岁的儿子谅祚继位，没藏太后为祈祷统治长久而建承天寺、塔，塔藏佛骨与宋赐《大藏经》。"凉州重修护国寺感应塔碑"则有汉、西夏文对照铭刻，有确切的西夏纪年"天祐民安五年"，文物价值极高，凝聚了众多传奇故事。护国寺原是十六国时前凉国主张天赐所建宏藏寺，武则天改为大云寺，西夏改称护国寺。西夏第四代国主李乾顺时，塔因地震损毁，修复后勒石刻碑。西夏碑由清代学者张澍在武威清应寺重新发现，清应寺毁于1927年地震，碑则先后保存于武威文庙、西夏博物馆。大云寺也在地震中基本毁坏，唯钟楼独存，楼中铜钟古朴精美，铸造年代成谜，猜测最晚也远在五代。当时由于匆忙赶路，参观完西夏碑再游览大云寺，已是下午四点，早错过了午饭时间。饥饿和疲惫一同袭来，我们便在钟楼席地休息，用白水饼干充饥。

我与老沈最爱吹的牛，是高中时一起观看票房惨败的公映版《大话西游》，并认定这是周星驰的巅峰之作。《大话西游》的取景地就在西夏王陵及附近的西北堡。紫霞与至尊宝、牛魔王的三角恋，为银川寻宋平添了一抹魔幻浪漫的色彩。

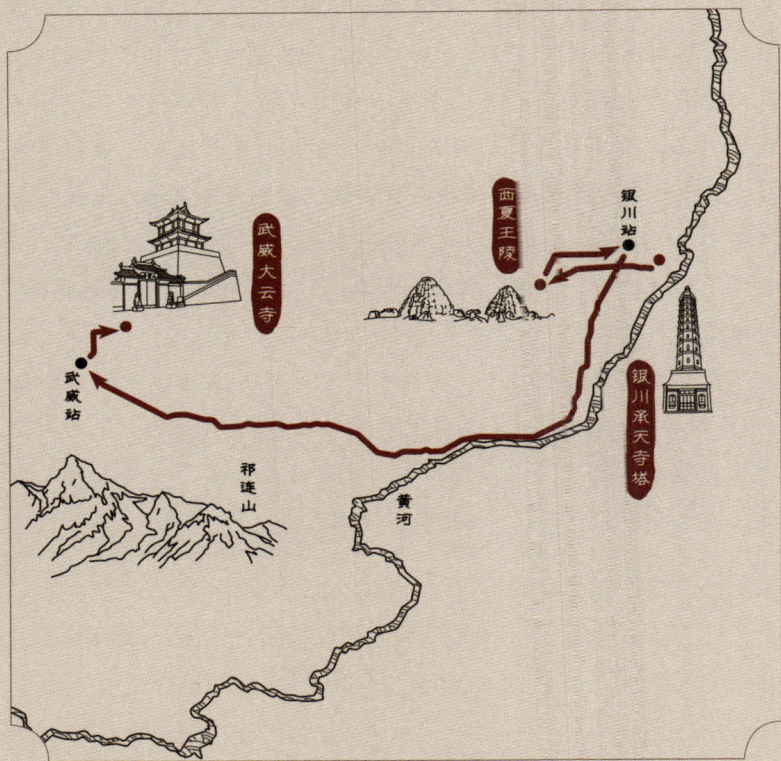

西夏王陵

银川站

武威大云寺

银川承天寺塔

武威站

祁连山

黄河

宁夏、甘肃行程：银川承天寺塔、西夏王陵、武威大云寺

一、大白高国

西夏王陵景区大门两边红墙上，有四个金色西夏文大字，这是西夏国的正式国名，翻译成汉语就是"大白高国"。而西夏文献一般自称"白高国"或"白高大夏国"。"大白高国"要是音译，就是《续资治通鉴长编》《涑水纪闻》中的"邦面令"。李元昊称帝后给宋仁宗上表，自称"男邦面令国兀卒曩霄上书父大宋皇帝"，看起来宋夏两国结成了父子关系，这里的"兀卒"也是西夏文音译，差不多是皇帝、可汗的意思。"曩霄"则是元昊新取的名字，元昊把姓也改了，不再用唐、宋赐姓的李、赵，改姓"嵬名"。"嵬名曩霄"这个名字有一种民族趣味，这正是元昊刻意追求的效果。党项汉化已有百年，为了立国，元昊下达"留发不留头"的死命令，又改穿"衣白窄衫，毡冠红里"的民族服饰，创制西夏文字。

从宋史的角度讲，西夏是宋太宗战略失误留下的恶果。西夏人据说是党项拓跋氏的一支。这事说来话长，拓跋本属鲜卑，是北魏政权的建立者，党项属于羌族，党项拓跋是不是鲜卑拓跋的后人，就有点说不清楚。党项拓跋原本在川藏青这一带活动，遭到吐蕃排挤，便迁徙到陇东、陕北，又分为庆州（今甘肃庆阳）东山部与夏州（今陕西靖边）平夏部两支。唐末，平夏部首领拓跋思恭参与唐朝镇压黄巢的战争，被封为定难军节度使、夏国公，赐姓李，统辖夏、绥（今陕西绥德）、银（今陕西米脂）、宥（今陕西靖边）、静（今陕西米脂）五州。

宋初，夏州一直是割据藩镇，但不敢怠慢宋朝，979年宋太宗征北汉，夏州李继筠主动派兵协助。李继筠在位时间短，其弟李继捧继位不顺，引发了政治动荡。宋太宗假装支持李继捧，却另选官员知夏州，并召李继捧入京。李继捧本打算学习吴越国纳土归宋，但党项夏州还停留在部族体制阶段，李继捧被夏人视为败类。族弟李继迁逃出宋朝的控制，纠集部族，联辽反宋。

经过十五年的战争，宋朝于997年重新任命李继迁为定难军节

西夏王陵景区大门

度使，仍辖五州之地。李继迁不满足，1002年攻下灵州（今宁夏
灵武），后又攻占西凉府（今甘肃武威），势力范围从陕北一隅扩
展至今天的陕甘宁及青海等地。他的儿子李德明把政治中心迁往怀
远镇（今宁夏银川），改称兴州，并派其子李元昊攻占河西走廊。
李元昊继位后，"发明"了一整套民族传统，并称帝改元。宋仁
宗重新对西夏用兵，连遭败绩后，于1044年议和，每年赐西夏银
七万两、绢十五万匹、茶三万斤，史称"庆历和议"。

　　经过和议，元昊接受了称臣、自号"国主"等议和条件，不过
西夏内部仍自称"大白高国"，元昊也自称"兀卒"。"大白高国"
字面上似乎说自己又大又白又高，名称的来历却众说纷纭。有学者
认为与号称"白城子"的统万城有关，因为赫连勃勃夏国的都城统
万城就在西夏发迹的夏州。也有人按五方学说，西方属金，尚白，
国号称"白"，是自以为西方霸主的意思。又有人说按五德终始理
论，唐是土德，土生金，夏国德金尚白，是继承唐朝正统的意思。
要是想得更远一些，"夏"本是中原族名（华夏、夏后氏），先秦
的"宋"出自殷商微子，属东夷族群——这么一来，宋夏两国谁是
蛮夷还不好说了。

二、西夏王陵

　　西夏王陵在银川市西南20公里，背靠贺兰山，面对银川平原，
黄河绕王陵东南而过。与汉人陵墓松柏森森的景象不同，这里漫天
尘土，遍地瓦砾。如果遇到蓝天，陵塔在贺兰山的衬托下尤显雄奇
壮丽。到西夏王陵的这一天是 2015年4月30日，天色阴沉，我们
穿过辽阔的西夏王陵景区，脑海全是电影《东邪西毒》里《世事苍
茫成云烟》的音乐。

西夏王陵九座陵寝，其中有三座对外开放。王陵景区入口不远的三号陵最为宏大，一般认为这就是元昊的泰陵。坐电瓶车南行4公里，可以参观相邻的被称为双陵的一号陵、二号陵。现在九座王陵还不能与西夏君主一一对应。最初有学者认为南区双陵是元昊为祖父李继迁、父亲李德明重修的裕、嘉二陵。也有学者认为，南区双陵形制最为规整，修建时间应该最晚。又有学者说根据出土残碑，二号陵或是第五代皇帝夏仁宗李仁孝的寿陵。

进入景区，首先可以参观博物馆。馆中展品有西夏文残碑、木板彩绘、佛像、迦陵频伽石像等。博物馆中有一件石雕头像气宇轩昂，让人联想到这会不会就是李元昊的容貌。值得关注的是馆内的陵区分布与陵园复原模型。从模型上看，整个陵区南北长约10公里，东西宽5公里，除九座王陵外，又有二百余座陪葬墓。如果把陵区划为南、中、北三个区域，王陵则呈南二、中四、北三的分布格局。

陵园布局大同小异：先是显示威仪等级的黄土阙台，次为歌功颂德的左右碑亭，然后是排列石像生的月城；穿过月城进入内城，有墓祭的献殿，形似鱼脊的墓道封土；内城西北隅的高大建筑看似圆锥形状，其实为七级八面，推测是重檐楼阁式佛教塔楼。这个复原模型将陵园布局呈现得一清二楚，可进入实景，碑亭、石像生早已不见踪影，墓道尽头是巨大的盗坑，散落着不少残垣瓦砾，满目疮痍。

本来西夏王陵并不神秘。明人有诗《出郊观猎至贺兰山》，称"昔年僭伪俱尘土，犹有荒阡在目前"，贺兰山前的僭伪荒冢自然就是西夏王陵。生活在这里的乡亲也流传着'昊三墓，金银两大窟，要得开，且待元人来"的歌谣。不过数百年之后，经过自然的和人为的损坏，西夏王陵竟然被人渐渐遗忘了。在相当长的时间

西夏王陵三号陵

西夏王陵南区双陵

陵园复原模型

博物馆中的石雕头像

迦陵频伽石像

里，考古界对西夏王陵一无所知。1970年，一位陕西考古工作者见到王陵陵台高大，还以为是唐墓。1972年，兰州军区某部战士在贺兰山挖掘工程地基，意外发现了西夏文方砖，考古界才确认这里是西夏王陵。

1205年至1227年的二十余年间，蒙古军队先后六次进攻西夏。西夏国都兴庆府最后的守卫战坚持了一年之久。战争进行得十分残酷，成吉思汗病倒在西夏前线，最后在这里去世。兴庆府沦陷之后，屠杀与毁陵都无法避免。今天看到的三号陵塔前的盗坑大得骇人，可能就是当年蒙古军队破坏的痕迹。1987年发掘东碑亭时还发现五个灶坑，灶口直径118厘米，灶壁烧结层厚10厘米，推测是蒙军在此驻扎盗墓的遗迹。就王陵的保存来看，这还不是太悲

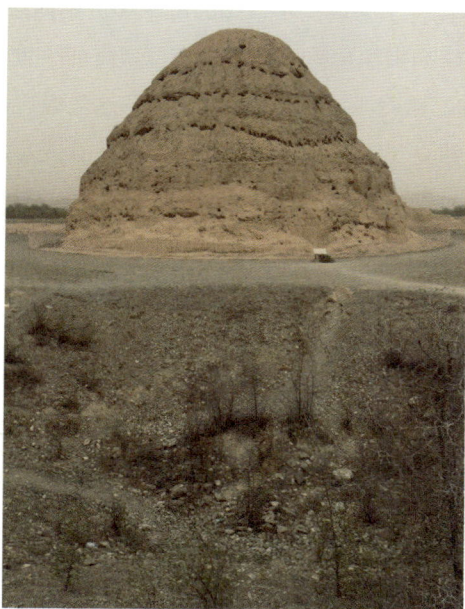

三号陵前面的巨大盗坑

惨的结局，西夏王陵今天是国家重点风景名胜区，是中国现存规模最大、地面遗址最完整的帝王陵园之一。比较而言，浙江绍兴南宋帝陵早已夷为平地，河南巩义北宋帝陵也多荒废在田间。

其实西夏历史自有辉煌的一面。金朝1115年至1234年享国120年，契丹（辽）自907年耶律阿保机成为部落联盟首领至1125年灭亡，享国218年，1206年铁木真称汗距1402年北元灭亡不足200年，两宋从960年至1279年共319年（号称秦以来最长久的王朝）。但是西夏，如果从881年拓跋思恭割据一方开始计算，至1227年灭亡，前后竟延续了346年。

三、牛魔王战斗过的地方

1995年，我看了一场几乎包场的电影《大话西游》。影片里牛魔王麾下的小妖们来往穿梭，神情惶恐。紫霞仙子重伤倒下，她对至尊宝说："跑都跑得那么帅，我真幸福。"这些经典电影片段的背景都是苍茫的西夏王陵，此时此地回想起来，让人心潮澎湃，莫名所以。离开西夏王陵，我们赶往《大话西游》另一处取景地——镇北堡西部影视城。在这里，夕阳武士与女友接吻的地方，影视城的门楼上，至今仍竖着周星驰与朱茵的剧照。

《大话西游》的背景为什么要放在西夏王陵呢？这是一个非常有意思的设定。《西游记》中牛魔王有两个家，一个是正妻铁扇公主的翠云山芭蕉洞，另一个家是小妾玉面公主的积雷山摩云洞。孙悟空在翠云山借芭蕉扇不成，又往积雷山来"央"当年花果山的结拜兄弟牛魔王，结果两人反目，打了一架。书上说翠云山在火焰山西南1400里，积雷山又在翠云山正南3000里，从百度地图测距，义兄弟打架的地方已经进入印度境内了。从原著里看，牛魔王和西

镇北堡影视城门楼

夏王陵并没有什么关联。

不过我总觉得牛魔王的形象特别适合出现在西夏王陵。因为牛魔王是西牛贺洲妖魔界的大佬，李元昊的白高大夏国也有称霸西方的意思。西夏自称大白高国，《西游记》原著中牛魔王就是头白牛，央视版《西游记》的牛魔王也是肤色白皙。《大话西游》里面的牛魔王扮相实在太黑了，完全不符合原著的设定。牛魔王有很深的佛教渊源，其真身大白牛是重要的佛教象征物，他的原型甚至被认为是鸠摩罗王，他的妻子铁扇公主的另一个身份是罗刹女，他们夫妻和儿子红孩儿后来都皈依佛门。但深具佛根的牛魔王，却在侍妾玉面公主家的书房中研读道教丹书，这是怎样一种反潮流的精神。

难怪我总觉得李元昊与牛魔王在气质上非常接近。在宋辽达成澶渊之盟的背景下，父亲李德明提出与宋朝世世代代友好下去的方针，却遭到李元昊的反对。李元昊断然走上逆中国化的道路，称帝求战，以险立国——这种反潮流的姿态，却与牛魔王的气质很契合。

——— 相关事件年表 ———

1020　丁谓拜相。

1021　令国子监重刻经书印板。

1022　赵恒去世，赵祯（宋仁宗）继位。

1023　寇准在雷州去世。

1024　王钦若上《真宗实录》。

1025　王钦若去世。

1026　范仲淹筑泰州捍海堰。

1027　晏殊知应天府，延范仲淹教生徒于应天书院。

1028　范仲淹上书执政论吏治。

1029　吕夷简拜相。

1030　李德明献马。

1031　辽封元昊为夏国公。

1032　李德明去世，辽册元昊为夏国王。

1033　皇太后刘氏去世，赵祯亲政。

1034　元昊反宋。

1035　元昊攻唃厮啰。

1036　范仲淹上《百官图》，贬饶州。

1037　元昊始强。

范仲淹的西北功业：延安嘉岭山

　　2015年5月2日，我和老沈抵达兰州，因为到得晚了，吃晚饭时已是晚上十时。第二天上午，我们租车自驾，一直开了四个半小时，来到固原市隆德县好水乡，宋夏好水川之战时宋军曾经路过此地。好水川之战的主战场则在西吉县的单寨集、火家集一带，可惜我们的行程太紧张，没有来得及寻访。傍晚时，我们路过"秦汉萧关"景区，少不得游览一番，聊慰宋代萧关无处可寻的遗憾。第二天，我和老沈游览秦长城后，寻访定川寨战役遗址——大营古城与上店子古城址，果然是"天高云淡，望断南飞雁"的景象。5月4日，我们去了须弥山石窟，回程时路过黄铎堡。"黄铎堡"的名字出自明代，其实这里是宋代的平夏城遗址。宋哲宗绍圣年间章楶的两次平夏城之战，洗刷了仁宗朝对夏作战三次大败的耻辱。

澶渊之盟后，宋朝与西夏达成"景德和议"，所以宋真宗有资格说自己开创了太平之世。但元昊横空出世，宋夏战争再起。重新达成和议在宋仁宗庆历年间，战争结束后宋廷始行庆历新政。庆历年间是宋朝的转型时期，从战争到和平，从因循到变革，从权谋到党争，从天命到道德。这一时期，范仲淹正是转型的关键人物。值得注意的是，在宋神宗时代的历史叙述中，范仲淹的主要事迹不是庆历新政或与吕夷简的摩擦，而是他在延州（今陕西延安）对西夏军队的有效防御。

固原、延安行程：好水川、秦汉萧关、战国秦长城、大营古城、上店子古城址、须弥山石窟、黄铎堡

一、不比大范老子可欺

元昊对付宋朝的办法是极限施压——称帝求战，然后以战求和。宋仁宗赵祯见元昊上表称帝（1038），气得发狂，一面对西夏实行经济制裁，诏令沿边禁绝与西夏互市，一面调整军事部署。在军备最薄弱的陕西前线，他派出了五十八岁的文官范雍知延州。范雍并非书呆子，他之前一直关注西北局势，提出过安边六事，建议在河北、陕西招募士兵加强军备。不过，即使他赴任以后，延州"土兵寡弱"的问题也没办法得到解决。

范雍是正人君子，在延州深得民心，但他要对付的是元昊，就未免有些秀才遇到兵的尴尬。元昊先说他很景仰范雍，范大人来到延州，他就想向宋朝称臣了。不知为何，范雍居然相信了元昊的说法。康定元年（1040）正月，元昊举兵十万突袭，使诈攻下金明寨（今陕西安塞沿河湾镇），守将李士彬战死，夏军奔袭延州，范雍大惊，召宋将刘平从庆州驰援。两军在三川口（今陕西安塞北）遭遇，激战数日，宋军败绩，宋将刘平、石元孙被俘。夏军围延州七日，范雍计无所出，所幸天降大雪，夏军解围而去。

三川口大败，宋廷震惶，不得不重新调整前线将领，让韩琦出任陕西安抚使。韩琦又推荐了范仲淹。范仲淹到西北后，见延州破败，请以守御自任，于是受命知延州。范仲淹在延州训练将士，修筑堡塞，收复城池，夏人惊呼"今小范老子腹中自有数万兵甲，不比大范老子可欺也"。元昊见延州无机可乘，转攻三川寨（今甘肃固原）。宋军积极应战，颇有斩获。

这一年，范仲淹五十二岁，韩琦三十三岁。

范仲淹考中进士是1015年，时年二十七岁，他的官场起点是司理参军（州级幕职官）。韩琦进士登第是在1027年，时年二十岁，他的官场起点是通判（州级副长官）。范仲淹做到通判这个位置已是四十一岁，之前他被晏殊举荐为秘阁校理，但一入朝便得罪垂帘听政的刘太后。1033年，四十五岁的范仲淹任右司谏，因极谏废郭后事得罪宰相吕夷简。当时韩琦也在朝中，任监左藏库，就是管理国库的负责人，没有参与范仲淹的进谏活动。三年后，韩琦也任右司谏，时年二十九岁。这一年四十八岁的范仲淹再次入朝，因为上《百官图》再次得罪吕夷简，名声大噪。此后范仲淹转辗各地，韩琦仍是朝中谏官，直到两人同时出镇西陲。

知延州之前，范仲淹的辉煌事迹主要是勇斗太后、宰相，虽然挣得名声，但并不能改变政治现实。宋夏议和后，范仲淹出任参知政事，主持庆历新政，也以失败告终。范文正公的道德文章无可挑剔，但如果不是在西北前线建功立业，他的才华和抱负几乎没有实践证明的机会，他的历史形象或许徘徊在酸儒与狂士之间。正是在延州，范仲淹开始获得主角光环，为"宋朝人物第一"的口碑奠定了基础。

今天延安南川河东岸宝塔山麓的摩崖石刻，有范仲淹手书的"嘉岭山"三个大字，每字高3.68米。此外又有"先忧后乐""胸

延安宝塔山麓摩崖石刻

中自有数万甲兵""宋朝人物第一""出将入相""一韩一范"等摩崖，主题无不是纪念范仲淹。这些题刻均无落款，书写者及书写年代均无考，一般认为出自宋代后期至明代。

二、军中有一范，西贼闻之惊破胆

在西北前线，韩琦与范仲淹形成对西夏的两种不同的策略，韩琦主张主动出击，范仲淹坚持积极防御。康定二年（1041）二月，夏军南下往羊牧隆城（今甘肃西吉火家集）一带进发，韩琦连忙到镇戎军（今宁夏固原）坐镇，命任福等率大军向德胜寨（今甘肃西吉将台乡）追击，并严令不得变更行军路线。结果元昊派了一支军队到怀远城（今甘肃西吉偏城乡）迎击宋军，宋军连获胜绩，便不断追击，中了诱敌之计。夏军主力抵达笼竿城（今宁夏西吉兴隆镇）后，在笼洛川、好水川的西口设下埋伏，诱敌部队则引宋军南下从笼洛川、好水川东口（今宁夏隆德好水乡）西行。任福等贪胜心切，进至好水川时失去夏军踪影，仍被夏军故意抛弃的物资迷惑，步步深入夏军包围圈。离好水川西口（今宁夏西吉单家集）尚

今天的好水川

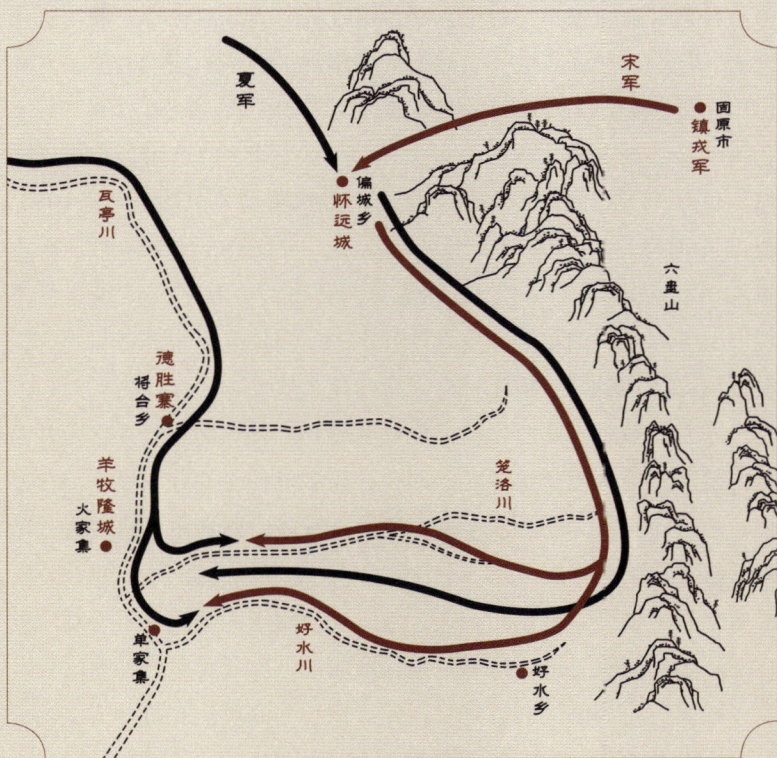

夏军

宋军

固原市
● 镇戎军

偏城乡
● 怀远城

六盘山

瓦亭川

德胜寨
榻台乡

笼洛川

羊牧隆城
火家集

单家集

好水川

好水乡

好水川之战形势图

有数里，任福打开夏军丢下的银泥盒，盒中飞出了数百鸽子，向夏军发出了进攻信号。

好水川自东向西流淌，河道与今天从好水乡到兴隆镇的好兴公路接近，在单家集一带汇入葫芦河，宋军大致就在单家集附近被歼灭，任福、桑怿等主将力战而死。据说，好水川西端数里有"王庄"，王庄有土崖夹着一层宋夏战争留下的白骨，附近立有"好水川古战场遗址"碑，现为县级文保单位。往北约7公里的火家集古城，就是宋天禧元年（1017）修建的羊牧隆城，庆历三年（1043）改名隆德寨，现仍有回字形城墙遗址，外城南北长650米，东西宽420米，残高3至6米，城内散见宋代瓷片，现在是区级文保单位。至于好水川的东端，今天的好水乡，应该是夏军施埋伏计的关键地点，当地的好水桥上也立碑记述这次战役。

宋军兵败好水川时，范仲淹仍在延州。韩琦曾反复要求范仲淹合击夏军，范仲淹坚决不允，即使韩琦派范仲淹的好友尹洙前往劝说，范仲淹也不为所动。范仲淹还连上三表，强调主动进攻太过危险，被尹洙认为"公于此乃不及韩公也"。尹洙曾豪言，大敌当前，胜败当置之度外。好水川大败，数千阵亡将士的家属拥到韩琦帐前痛哭。范仲淹叹息道，这种时候，谁敢说把胜败置之度外呢。

趁着好水川的胜利，元昊开始试探和平的可能。范仲淹认为元昊漫天开价会惹恼朝廷，于是冒着政治风险，私下给李元昊写信，语重心长地做思想工作。元昊的回信措辞傲慢，表示自己一定要当皇帝。范仲淹担心朝廷陷于尴尬，把元昊的回信烧毁。当时有位参知政事说范仲淹此举当斩，倒是范仲淹的政敌吕夷简说他忠心可嘉。结果范仲淹被降职，但仍在前线执行他筑城防守的策略。

议和不成，第二年元昊再次发动进攻，声称攻打镇戎军。宋军派葛怀敏御敌。葛怀敏行至养马城，分兵守卫镇戎军。待敌趋近，又分兵往定川寨迎战。从养马场到定川寨，由一片平原进入山谷，葛怀敏或许认为定川寨在山谷中因此比较安全，不料被夏军层层包围。夏军毁路拆桥，绝断定川寨水源。葛怀敏下令突围，结果进退失据，被夏军歼灭，葛怀敏等宋军十六将皆遇害。战后夏军直抵渭州（今甘肃平凉）掳掠，范仲淹自庆州驰援不及，一句"将军白发征夫泪"，或许就是这时的哀吟。

葛怀敏屯兵的养马城，就是今天距固原市区西不足5公里、中河乡庙湾村的大营古城。大营古城面积14万平方米，围墙保存得相当完整，已被列为全国重点文物保护单位。不过我们在此寻访时，东侧的大营河由于工业废水排放，恶臭难近，只能从西侧立有国保牌的地方进入。大营城往西10公里的山谷口、中河乡红崖村上店子水库的东侧，就是宋代定川寨的遗址。定川寨依山势而建，面积21万余平方米，城墙残破严重。唯南墙尚有残余，并立有"上店子古城址"的市级文保碑。

定川寨战败的消息传至朝廷，吕夷简惊呼一战不如一战，范仲淹积极防御的策略开始受到重视。从此，韩琦与范仲淹同心协力，建立对夏防御体系，遂有歌谣"军中有一韩，西贼闻之心胆寒；军中有一范，西贼闻之惊破胆"。元昊无计可施，对峙局面下，双方的议和时机也臻成熟。

三、此行正蹈危机，岂复再入

庆历三年（1043），宋夏议和成，吕夷简罢相，范仲淹升任参知政事。这年宋仁宗开天章阁（藏宋真宗御书的图书馆），并征求行政改革方案。范仲淹应诏上书，提出了十项改革方案，宋仁宗陆续推行，史称"庆历新政"。新政以州县立学最具成效，其他

大营古城遗址

远看大营古城

各项均遭抵制，并有结党之讥。第二年，宋仁宗当面指责范仲淹"结党"，范仲淹答以"苟朋而为善，于国家何害"，令皇帝困惑不已。这时西北尚有边患，范仲淹自请出镇。路经郑州，范仲淹与故相吕夷简相见。吕夷简告诉范仲淹，经略西北，莫如在朝廷为便，你在陷于政治危机之际离开都城，今后恐怕没有机会再回去了！

庆历五年（1045）正月，范仲淹罢参知政事，先后知邠州（今陕西彬县）、邓州（今属河南）。在邓州，范仲淹营建花洲书院，在书院"春风堂"写下了千古名篇《岳阳楼记》，花洲书院现在是4A级景区。1049年，六十一岁的范仲淹移知杭州。三年后又移知颍州（今安徽阜阳），行至徐州时病卒，葬于洛阳。洛阳范仲淹墓是全国重点文物保护单位，宋仁宗撰额、欧阳修撰写的"褒贤之碑"（神道碑）至今立于伊川县彭婆乡许营村范仲淹家族墓园，墓园中还有范母谢氏、长子纯佑、次子纯仁、三子纯礼、四子纯粹及孙辈的陵墓。

范仲淹最后的任所在杭州，现在的杭州高级中学内曾经有范公祠，今天已难以寻觅。让范仲淹流芳百世的壮举之一，是与兄长范仲温在苏州创办范氏义庄以赈宗族，这是他知杭州时做成的事情。范仲淹的经历坎坷崎岖，他生于正定（或说徐州），长在山东邹平，苦读在应天府（今河南商丘），家族在苏州，卒于徐州，葬于洛阳。虽然范仲淹是一代名臣，威镇延州而名垂开封，但能成为宋朝人物第一，主要还是教学与义庄两桩官场以外的事情。因此除了延安与固原，我们还于2017年2月18日、6月10日，分别在苏州天平山与商丘应天书院寻访了范仲淹遗迹。

苏州天平山

河南商丘重建的应天书院

——— 相关事件年表 ———

1038　元昊称帝。

1039　夏侵保安军，宋军击走之，狄青功最多。

1040　宋夏三川口之战，宋军溃，夏围延州。

　　　韩琦任陕西安抚使，范仲淹知延州。

1041　宋夏好水川之战，宋军溃。

1042　宋夏定川寨之战，宋军溃。

1043　夏请和。范仲淹参知政事，言十事，庆历新政始。

1044　欧阳修作《朋党论》。宋夏议和。

狄青的前途和末路：桂林平蛮三将碑

　　广西漓江之行是另一次家庭亲子游，为了寻访"元祐党籍碑"，才在行程最后匆匆参观桂林市七星公园及龙隐岩。号称"桂海碑林"的龙隐岩石刻材料之丰富，完全超乎我的想象，这里仅北宋石刻就有48种。其中最壮观的当数"大宋平蛮三将碑"，所述平定侬智高事既是宋史大事件，也是当地影响深远的传奇。

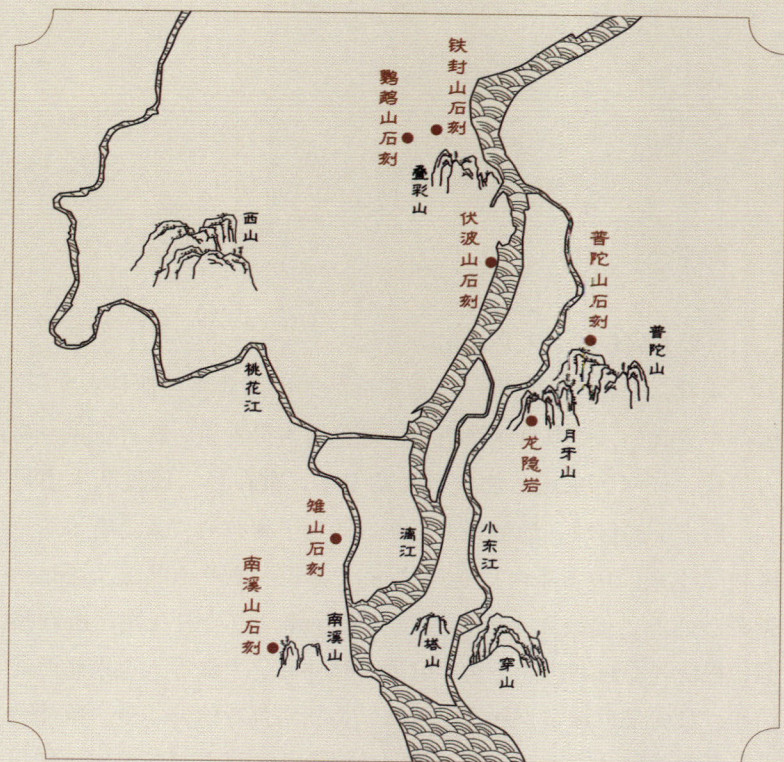

铁封山石刻

鹦鹉山石刻

叠彩山

西山

普陀山石刻

普陀山

伏波山石刻

桃花江

月牙山

龙隐岩

漓江

小东江

雉山石刻

南溪山石刻

南溪山

塔山

穿山

桂林石刻分布：月牙山龙隐岩、普陀山、伏波山、铁封山、鹦鹉山、雉山、南溪山

一、狄青

可以并肩作战，未必就志同道合。

狄青，宋朝历史上另一位屈抑而死的山西武将。他是农家子，练得一身武艺，更兼身材魁梧，平时也受不得委屈。狄青在家乡与人争执，任气到京城参加皇帝的禁卫军，常在皇家仪仗队中出风头。后来不知何故，他触犯了军法，罪至于死，被"大范老子"范雍救了下来。1038年西夏元昊称帝，宋军一时无计可施。这时狄青奔赴西北，他披发上阵，大小二十五战，中流矢八次，所向披靡，很快建立起名声。不久，韩琦、范仲淹、尹洙等人也来到西北前线。最先是尹洙赏识狄青，尹洙又将狄青推荐给韩、范。范仲淹一见狄青，惊为奇才，授他一部《左传》。宋军连遭好水川、定川寨两次大败，宋仁宗急派狄青救场，好歹收拾了残局。

在宋夏和议之前，围绕着是否要在宋夏边境修筑水洛城，范仲淹与韩琦再次形成不同意见。范仲淹支持筑城，韩琦则以为修城不便。等两人回到朝中，朝廷一时举棋不定。官员刘沪、董士廉坚持筑城，反对筑城的尹洙便派狄青抓捕了刘沪等，引发军民骚乱。朝廷调查的结果，水洛城继续修筑，范仲淹、欧阳修等筑城派认为刘沪等人可以释放，但尽量安抚狄青，时任谏官的余靖则指责狄青等任事仓卒。

庆历新政时，朝廷重新部署西北防线，孙沔从渭州调任庆州，尹洙从庆州调任晋州（今山西临汾），狄青知渭州。没想到这一任命遭到余靖反对，他连上四道奏章，说狄青不可独当一路，贬斥狄青"刚悍之夫""粗暴""为性率暴鄙吝"，甚至指为"匹夫"，朝廷为此收回成命，改任狄青为权并代都部署。

二、余靖

虽然不能独当一路，但狄青威镇西北，"西陲少事矣"。1052年范仲淹去世时，狄青被召回朝中，升任枢密副使。当时余靖因为父亲去世，在家乡韶州曲江（今广东韶关）守孝。这年四月，广源州（今越南谅山一带）侬智高起兵，从横山寨（今广西百色田东）打到邕州（今广西南宁），然后千里奔袭，一月之间，进逼广州。当地官员与朝廷这才意识到问题严重，开始调兵遣将，先把正在广东的余靖派往桂州（今广西桂林），又把魏瓘从越州（今浙江绍兴）调到广州。魏瓘总算保住了广州，余靖却无力阻挡侬智高折返邕州。朝廷又把孙沔从西北调来，仍然无济于事。

侬智高提出割据广西，臣服宋朝，宋仁宗一筹莫展。这时枢密副使狄青主动请缨，宋仁宗十分感动，在宰相庞籍的支持下，打破派文臣或宦官监军的惯例，由武臣狄青独自率军南征。狄青在桂州与孙沔、余靖两军会合，夜袭昆仑关（今广西南宁宾阳与昆仑镇交界处），又在归仁铺（今广西南宁北郊三塘）会战中大败侬智高，一举收复邕州等地，并派兵追击侬智高至广源州、大理国。

平蛮三将题名碑

经过侬智高之役，会靖彻底改变了对狄青的看法。他撰写的"大宋平蛮碑"镌刻于桂林镇南峰（铁封山），称颂狄青"乃知名将攻取，真自有体哉"，"我公之来，电扫云开，叛蛮斗破，纲领重恢。师成庙算，民得春台。天声远振，德公之瑰"。随后，狄青与孙沔班师回朝，分别升任枢密使、枢密副使。余靖升为尚书工部侍郎，留在桂州善后，并派人擒获侬智高母、弟、子，募人往大理将侬智高首级函送京师。今天桂林月牙山龙隐洞还保存着皇祐五年（1053）刻石的"平蛮三将题名碑"，记述平定侬智高的经过，狄青、孙沔、余靖三军将士的职官姓名，战后对地方的善后政策，以及对立功将士的加官论赏。

三、孙沔

狄青以武将出任枢密使，却遭到文臣的仇恨。至和三年（1056），朝中名臣欧阳修、文彦博联手排挤狄青。欧阳修先"上仁宗乞罢狄青枢密之任"，诬蔑狄青"不知进退""未得古之名将一二"，还以黄袍加身来影射狄青，建议仁宗皇帝"戒前世祸乱之迹，制于未萌"。接着又莫名其妙连写二道《上仁宗论水灾状》，声称京城水灾是因为武人掌权而导致的"天地之大变"。狄青因此被贬陈州。宰相文彦博每隔半个月派宦官来看望狄青一次，让狄青"惊疑终日"，第二年便疾作而卒，年仅四十九岁。当时仍在桂州的余靖为狄青撰写墓志铭，高度评价狄青的才德功绩。而进士出身的孙沔出知杭州等地，在地方上做尽了巧取豪夺、强抢民女的坏事。孙沔被处分退休之后，在英宗朝竟然因为欧阳修的推荐被重新起用，以资政殿学士的身份出知边地。

四、龙隐岩

今天桂林市小东江畔七星公园月牙山瑶光峰南麓，包括龙隐岩、龙隐洞、月牙岩等处，共有唐宋以来的石刻220余方，号称"桂海碑林"。其中宋碑有130余方，包括著名的"元祐党籍碑"（重刻）。至于整个桂林，据杜海军教授的统计，仅宋代石刻就有520件。

这里除了"平蛮三将题名碑"，又有孙沔、余靖出游的摩崖题刻。孙沔题刻在龙隐岩：

孙沔、朱寿隆、胡揆、陈钦明同游。皇祐癸巳二月。

桂海碑林景区

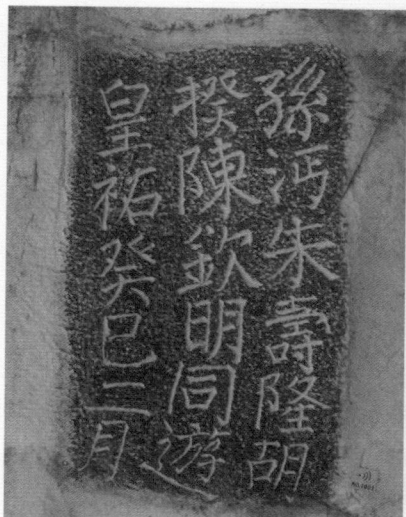

孙沔题刻

余靖题刻

龙隐岩

这是大败侬智高后孙沔与同僚的一次出游。朱寿隆的名字同样出现在"平蛮三将题名碑"中，他原来的官职是"提点刑狱、同计置粮草、司门员外郎"，战后升任为"考功员外郎"。

余靖的题刻在月牙岩：

> 广南西路体量安抚使副余靖安道，贾师熊文友，经略安抚萧固干臣，转运使宋咸贯之，兵马钤辖槲涉公济，提点刑狱李师中诚之，马仲方子正，通判黄照晦甫偕游。时嘉祐五年十月晦日题。

这是侬智高叛乱八年之后的1060年，余靖临危受命，往邕州平定交趾及甲峒蛮之乱后所题。余靖抵达邕州后移檄交趾，交趾立即惩凶请罪，这是当年秋八月的事情。在边患化为无形之后，余靖出知广州，因此有当年十月路经桂州时的出游题刻。

相关事件年表

1045　范仲淹出知邠州，新政渐罢。

1046　京东进士刘盉等谋起事，被诛。

1047　贝州王则起义。

1048　元昊为其子宁令哥所杀，遗腹子谅祚嗣位。

1049　广源州蛮侬智高称南天国，始扰宋。

1050　交趾攻侬智高。

1051　庞籍拜相。

1052　侬智高围广州，陷昭州。

1053　狄青败侬智高。陕西行青苗法。

欧阳修是快乐的：滁州醉翁亭

　　有几处地方，是我们的寻宋旅程非到不可的，我与老沈也特别向往，但一直不知道如何组织行程。一是济南灵岩寺，曾经的四大名刹之首，寺内有三十二尊精美的北宋泥塑罗汉。二是济宁的水泊梁山景区，虽然没有重要文物，却是宋代文化的重要组成。三是商丘及应天书院，应天书院号称中国四大书院之首，且是范仲淹读书讲学之地，商丘更是宋朝的南京，而且是宋朝的国号来源。2017年6月，另一位老同学押司的加入，让行程变得有些不可思议——这位精力无穷的兄弟要全程自驾他的豪车出行。

　　我们从杭州到济南，自驾了800多公里。一路挑选重要的文物遗迹，观光少有机会踏足的城市。我们半夜到盱眙吃了一顿小龙虾，第二天寻访盱眙第一山（米芾）、徐州黄楼（苏轼），并游览明祖陵、徐州狮子山汉楚王墓。第三天寻访济宁崇觉寺铁塔，游览向往已久的嘉祥武氏墓群石刻及曾子宗圣庙。第四天，我们寻访邹城重兴塔，游览铁山摩崖石刻及尼山夫子洞、孟二亚圣庙。第五天抵达济南，先在大明湖寻访辛弃疾纪念馆、曾巩南丰祠。第六天赴灵岩寺，在这里大饱眼福。第七天寻宋水泊梁山，顺访孝堂山郭氏墓石祠等。第八天，我们到了商丘应天书院及圣寿寺塔、微子祠。我们对商丘的景致、食宿都不太满意，临时决定连夜离开。回程仍有700余公里，原计划顺访芒砀山，这时已提不起兴趣。我提议无论如何再找一处重要的宋代遗迹，于是我们把目光投向了滁州琅琊山醉翁亭。

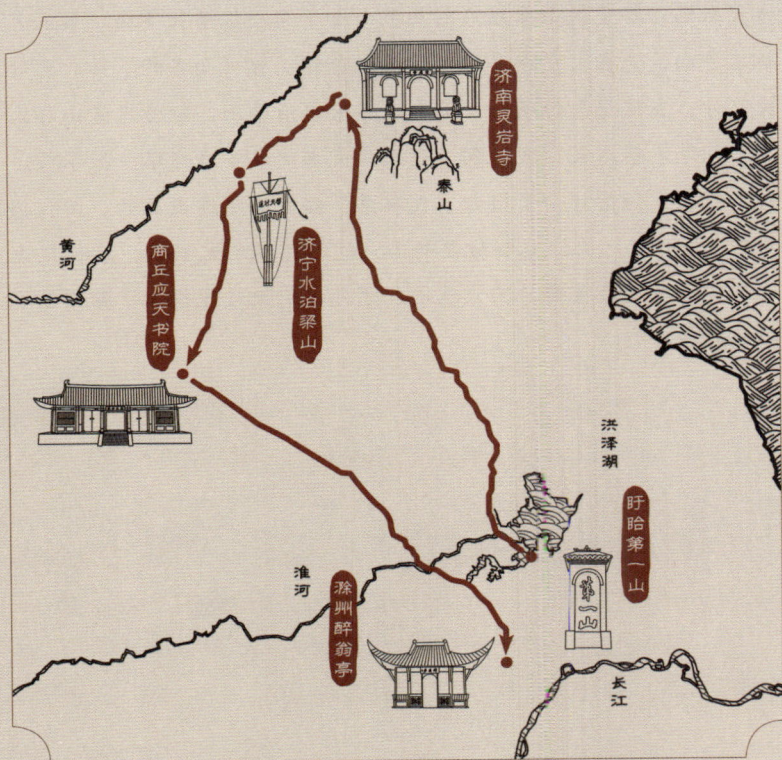

济南灵岩寺

泰山

黄河

商丘应天书院

济宁水泊梁山

洪泽湖

盱眙第一山

淮河

滁州醉翁亭

长江

江苏、山东、河南、安徽行程：盱眙第一山、济南灵岩寺、济宁水泊梁山、商丘应天书院、滁州醉翁亭

一、游饮无节

　　欧阳修与范仲淹曾多次并肩作战，但两人气质不同。范仲淹忧郁，"先天下之忧而忧"，吟的是"浊酒一杯家万里"。欧阳修却是快乐的，宣称"行乐直须年少"，贬到滁州还"醉能同其乐，醒能述以文"，十分洒脱。

　　欧阳修"行乐直须年少"的日子是在洛阳度过的，那是他高中进士后宦游的第一站。在洛阳，欧阳修的顶头上司是西昆体骨干诗人钱惟演，同僚有宋诗开山鼻祖梅尧臣、古文运动先驱尹洙等。这是一个相当自负的小团伙，几人整天凑在一起，喝酒，作诗，狎妓，纵论天下，常以兵法自许。"我昔初官便伊洛，当时意气尤骄矜。主人乐士喜文学，幕府最盛多交朋"，欧阳修在这种气氛中度过了两年多的光阴，一方面四处结交慷慨激昂的天下奇士，如饮酒不醉、精通兵法的石曼卿，另一方面纵情于"郎多才俊兼年少"的风流快乐，写了一大堆"娇羞云雨时"的艳情词。

　　到了第三年，钱惟演卸任离开洛阳，继任者是寇准的女婿王曙。寇准当年也是喜欢喝酒赌博的诗人，在澶渊之战立下的奇功更让尹洙、欧阳修等钦羡不已，不料寇准在权力斗争中失手，贬死于岭南。王曙是敦厚君子，看不惯欧阳修、尹洙等年轻人"游饮无节"的作风，教训说，各位青年才俊，你们知不知道寇莱公晚年为什么给自己招来祸患？还不是因为酒喝太多了！在场众人都唯唯称是，欧阳修却站出来说，寇莱公失利，是因为他沉湎权力斗争不能自拔，这对老年人尤其危险。这话没毛病，也把王曙吓一跳，当时"默然，终不怒"，不久便向朝廷推荐了欧阳修。

欧阳修早年有点革命浪漫主义，觉得为了共同的目标，有志之士应该不分你我，共同奋斗。他时刻关注着朝廷的局势，就恨没有机会在波云诡谲的政治旋涡中一试身手。四年前（1029），欧阳修在京城准备礼部试的时候，得知朝中有位四十一岁的秘阁校理叫范仲淹，竟然上疏请刘太后还政。朝廷没有回复这种奇谈怪论，范仲淹自觉不受重视，打报告自请外补。范仲淹的操作模式在当时很独特，一下朝野共知。欧阳修无缘相识范仲淹，却暗暗把他引为知己。结果这一年（1033）刘太后去世，范仲淹被朝廷召回担任右司谏。这让欧阳修特别激动，天天盼着范仲淹再有所动作。但左顾右盼，等了又等，范仲淹却毫无动静，欧阳修按捺不住，给范仲淹写信，说我们洛阳的士大夫都等着看你的表现，你怎么还不出手啊！（"伏惟执事思天子所以见用之意，惧君子百世之讥，一陈昌言，以塞重望，且解洛之士大夫之惑，则幸甚幸甚！"）

范仲淹见识到比自己还激进的后生，应该庆幸大宋士风大变。这时宋仁宗与宰相吕夷简闹着要废皇后，不知是不是受了欧阳修来信的刺激，范仲淹站出来坚决反对，甚至跟宰相撕破脸皮，再次被贬出京城。范仲淹总算没有辜负朝野士子对他的期望，天下舆论再次为他沸腾了。

范仲淹离开京城时，或许想着下次大新闻得拉上欧阳修。不久欧阳修与尹洙一起在朝中任职。过了两年（1035），范仲淹从苏州回到京城，成为开封府长官，有了与欧阳修并肩作战的机会。1036年，范仲淹上《百官图》，在用人问题上猛攻吕夷简，毫无悬念，他第三次被贬出京城。范仲淹的朋友们，包括余靖、尹洙、苏舜钦、蔡襄，通过各种渠道发表言论，表示要与范仲淹共进退。欧阳修自然没有放过这个机会，只是他的角度更加刁钻，写信大骂司谏高若讷失职。这些人与范仲淹共进退的愿望迅速得到满足，欧阳修被贬到湖北小县城夷陵（今属湖北宜昌）当了县令。

　　穷僻的夷陵让欧阳修改变了游饮无节等不健康的生活方式。他安下心来研究历史，正经做起了学问。此后大概有五年时间，欧阳修辗转在各地当官。1040年西北战事危急，范仲淹出镇延州。范仲淹对欧阳修念念不忘，想请他当自己的掌书记（贴身秘书）。欧阳修不乐意，觉得自己有奇谋制敌之才，范仲淹不让他运筹帷幄，难道跑军队里去出黑板报？为了表示"人不知而不愠"，他对人解释说，这要是去了，人家以为当年骂高若讷是图范仲淹的回报，他们的革命友谊就不纯洁了。

二、醉同其乐

　　欧阳修与范仲淹的革命友谊很纯洁。范仲淹在西北感叹"燕然未勒归无计"时，欧阳修辗转在中央的各个文化部门快乐地从事着学术工作，偶尔也会独自与吕夷简斗法，然后独自被赶出朝廷。等他再次回到朝廷，与余靖、蔡襄等人一起担任谏官的时候，他的老对头吕夷简终于罢相，宋朝即将迎来庆历新政的时代。

　　庆历新政好像让范仲淹出尽了风头，其实他只是根据宋仁宗的要求提出了十点改革意见，也就是《答手诏条陈十事》。而宋仁

滁州琅琊山欧阳修像

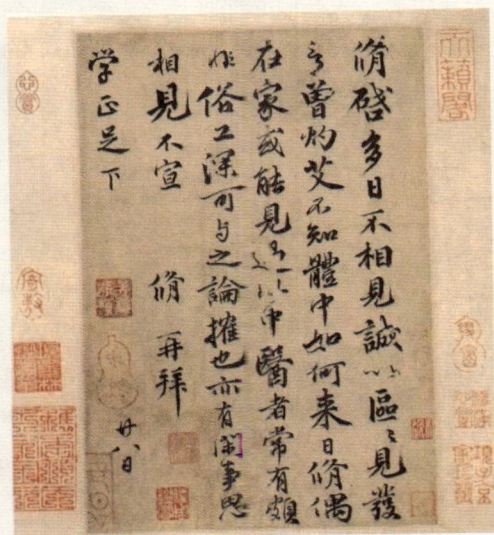

欧阳修书法

宗向范仲淹等问政，本来是欧阳修的主意，甚至范仲淹调任参知政事的人事安排，也是欧阳修说范仲淹"素有大材，天下之人皆许其有宰辅之业"之后的结果。庆历新政引起轩然大波，守旧派点名范仲淹、欧阳修、尹洙、余靖、蔡襄这几个人搞团团伙伙，上了一本《论范仲淹等结党奏》。宋仁宗问范仲淹，你们正人君子还搞团团伙伙吗？范仲淹回答说，这不叫团团伙伙，这叫团结就是力量，团结起来好跟坏人做斗争。欧阳修还嫌不过瘾，写了篇文章《朋党论》，中心思想是：君子结党万岁。

欧阳修这个观点很有创意，直接违背孔子"君子不党"的古训，让宋仁宗觉得很讨厌。皇帝又不是非得跟这几位一起建设太平盛世，下诏说"不为朋党，君明臣哲，垂荣无极，何其德之盛也"，直接驳斥欧阳修的谬论，还不点名批评范仲淹"更相附离，以沽声誉"，教训欧阳修"诋斥前圣，放肆异言"。诏书一下，范仲淹等纷纷自请外放。欧阳修被安排出远差，回到朝中发现战友们都不见了。欧阳修这时还很浪漫，认为范仲淹太过"温良恭俭让"，断送了革命前程。他上了一道《论杜衍、范仲淹等罢政事状》，连奸臣带皇帝一块骂了，然后在朝中坚守他的谏官岗位，等于对政敌们说"就喜欢你看不惯我又干不掉我的样子"。

这时恰有欧阳修的外甥女张氏因事被鞫于开封府，为免罪，竟指证未嫁时与欧阳修有不清白的关系，"词多丑异"。这下政敌们抓住了把柄，群起攻击。欧阳修受不了了，百般辩解，意思大概是说：一旦更多证据公之于众，将明确证明自己的无罪，请相信大宋的司法制度。正四面楚歌时，平时和欧阳修关系冷淡的赵概对宋仁宗说，这个事情我宁愿相信欧阳修。朝廷调查的结果，认为欧阳修案存在严重的证据问题。舆论对此形成两种不同的倾向，一种观点认为法律上无罪不等于道德上的清白，另一种观点则认为，欧阳修既然无罪，为何还是被贬滁州呢？

1045年至1051年，欧阳修先后在滁州、扬州、颍州、应天府任官。2017年6月9日至10日，我与老同学葡萄、押司在商丘访古，有感于古宋州风韵凋零，临时决定连夜驱车寻访欧阳修的醉翁亭。6月11日大雨如注，琅琊山色依然翠艳明丽，不减当年"林壑尤美，望之蔚然而深秀"的风采。远离京城，欧阳修在滁州似乎恢复了游饮欢乐的生活，一篇不足五百字的《醉翁亭记》，"乐"字竟出现十次。不过与"郎多才俊兼年少"的洛阳风流不同，这时年不及四十的欧阳修已是"苍颜白发"。酒，在洛阳有红粉相劝、有奇士豪饮，在滁州便成了"醉同其乐"的消愁饮品。

如果欧阳修在醉翁亭饮酒的那一刻确实感到欢乐，那也是一种幽暗意识，"人知从太守游而乐，而不知太守之乐其乐也"。颓然而坐的庐陵太守，他的醉翁之意既不在酒，也不必在于山水之间。滁州之任的谢表中，欧阳修还是理直气壮地为自己辩白一番，但当时他距离轻狂堕落也仅有一步之遥。在洛阳一起诗酒风流的好友尹洙被贬均州酒税，因被长期刁难已经病卒，年仅四十七岁。青年才俊苏舜钦早被贬为庶人，这时在苏州把玩沧浪亭，不久去世，年仅四十一岁。跟他们相比，欧阳修还能在醉翁亭与民同乐，只能说比较值得庆幸了。

欧阳修是一位杰出的历史学家，这时候他肯定思考过这样的问题：后人将如何书写庆历新政这段历史？《朋党论》将彪炳千秋，还是沦为笑柄？自己今后的政治生涯又该如何继续？在颍州时，欧阳修爱上了颍州西湖，打算买地造屋，过点优游的官绅生活。1052年，欧阳修的母亲郑氏去世，他在颍州守制，常思归隐之计。这时范仲淹移知颍州，庆历新政的老战友似乎又要见面。不过范仲淹在徐州去世，欧阳修也就接到一个不可推辞的任务，为范仲淹撰写神

滁州琅琊山醉翁亭景区

醉翁亭

道碑。这篇碑文，守制乡居的文坛领袖欧阳修写了两年，却让范仲淹墓志铭的作者富弼极度不满，刻石时更被范家删削，由此引发所谓的"范吕解仇"公案。

所谓"范吕解仇"，是指欧阳修在神道碑文中宣称范仲淹与吕夷简消除恩怨，"二公欢然相约，戮力平贼"。或许在欧阳修看来这是毋庸置疑的事实，但同样的事实也有不同的写法。关键不在于解不解仇，而在于党争巨祸不可再起——如果范吕结仇，党争将永无宁日。这样理解的话，那么欧阳修对当年的《朋党论》应当有一点悔意，醉翁亭中的快乐，也只能是幽暗、含混、迷离的。

三、醉翁亭记

欧阳修的《醉翁亭记》作于庆历六年（1046），据说曾经多次修改。北宋时《醉翁亭记》有三次刻石，先是庆历八年（1048）陈知明书丹并遣人刻石，再是嘉祐七年（1062）苏唐卿篆书刻于山东沂州费县，最后才是元祐六年（1091）苏轼应邀楷书，并由滁州太守王诏遣人刻石。陈知明刻石时欧阳修已经移知扬州，后来两人在扬州的宴会上还见过面，不过好像谁也没有提起这件事。直到欧阳修徙知颍州，有滁州访客详述陈知明刻《醉翁亭记》之事，欧阳修才去信给陈知明，诉说相知之意。

陈知明的碑铭早已亡佚，苏唐卿的篆碑尚有拓本。1062年欧阳修已经官至参知政事，当时费县的长官苏唐卿是位书法家，以篆体书写《醉翁亭记》，在费县官衙立碑。明代该碑覆于土中，1497年地方官杨惠"启之磨洗"，竖于县仪门下，"庶风雨日之不剥落"。清道光年间县令李沣又重修仪门。1943年费县沦陷，亲日组织新民会数人将碑掘起，准备转移至乡间，运送途中断成六块。1953年断碑移于县文化馆，在"文革"中散佚。今原碑已无觅处，民间拓本尚多。该碑碑阴又有欧阳修、赵槩给苏唐卿的通信以及苏唐卿等人立碑的唱和诗文，虽不见拓本传世，却有光绪《费县志》全文抄录。

1091年，苏轼知颍州，王诏知滁州。刘季孙从高邮回开封，路过滁州，因他与王诏同籍，王诏便拜托他往颍州向苏轼求书，所求就是苏轼楷体名帖《醉翁亭记》。王诏得书后刻石于醉翁亭旁，取代了陈知明的刻碑，从此拓碑者络绎不绝，"山僧云寺库有毡，打碑用尽"。不过十余年后元祐党禁，苏轼文字无不禁毁。明永乐年间，来醉翁亭的游客只见"寒芜荒址，唯'醉翁亭''二贤堂'六字隐隐岩石间"，这时苏轼楷体《醉翁亭记》碑已湮没三百年。

苏唐卿篆书《醉翁亭记》
拓本

"醉翁亭""二贤堂"题刻

宣德年间，南京太仆寺卿赵次进"复作醉翁亭，而刻所为记置亭中"，将苏轼楷书刻于两石四面。天启二年（1622），南京太仆寺少卿冯若愚另建屋亭，将两石嵌于墙壁，这就是今天醉翁亭西侧宝宋斋的石碑，因清咸丰及"文革"时期遭严重损坏，现在只能辨识一半文字。1981年，当地又据拓本另行刻石，立于醉翁亭之西醒园"宝宋新斋"内，字大而醒目，供人观瞻。

此外，苏轼又有草书《醉翁亭记》传世。此书于苏轼虽属涂鸦，世人亦视之为宝，后辗转流传到赵孟𫖯、高拱等人之手，高拱女婿刘巡与族孙高有闻分别刻石，今高有闻刻石藏于郑州市博物馆。

至于醉翁亭景区，北宋欧阳修守滁后盛极一时，政和年间开始衰落，宋金战争时毁于兵火。绍兴二十年（1150）醉翁亭重建后稍有恢复，开禧北伐时又遭金兵焚毁。元代醉翁亭曾有重修，明代再

滁州琅琊山醉翁亭景区宝宋新斋新刻苏轼书《醉翁亭记》

醉翁亭景区

次兴盛，有记载的重建葺治就有七次，并由东而西形成了醉翁亭、
二贤祠、冯公祠、宝宋斋、皆春亭、见梅亭等组成的建筑群，文人
题咏层出不穷。清代醉翁亭景区平稳维持，又毁于咸丰兵乱，同治
年间多方资助得以重建。二贤祠也变成了欧阳修、苏轼两位文忠公
的祠堂（原祀王禹偁与欧阳修）。此后醉翁亭在1925年大修，增建
醒园，1940年又毁于日军侵华，再由琅琊寺僧逐渐整修。新中国
成立后，醉翁亭于1956年列为省级重点文物保护单位，1961年建
成了欧阳修纪念馆，1981年重刻苏碑，1983年新建六一亭，现今
的欧阳修纪念馆则是2003年复建而成的。

相关事件年表

1054　欧阳修拜翰林学士。

1055　封孔子后人为衍圣公。

1056　包拯知开封府。

1057　欧阳修知贡举，取苏轼等。

1058　韩琦拜相。王安石上书极陈当世之务。

1059　濮王赵允让去世。

1060　苏洵为校书郎。

1061　欧阳修参知政事，司马光知谏院，王安石知制诰，周敦颐通判
　　　虔州。

1062　立赵曙为皇子。

离人最累是乡愁：永丰《泷冈阡表》碑

2015年4月，我们开始了江西长途寻宋。公共交通导致旅途极度疲劳，第一天游赣州通天岩就不顺利，回到宾馆，我与老沈都身体不适。

杭州有个挺热闹的人造景点"宋城"，但在我心目中，赣州才是真正的宋城。赣州城内，宋代遗迹无处不在。在赣州古城墙上找到"熙宁二年"的城砖真让人激动，何况古城墙上还有郁孤台、八镜台，以及宋代遗存的军门楼。除了令人心醉的宋城，赣州还有文庙、慈云塔、建春门浮桥、东园古井、苏轼夜话亭等宋代遗迹。

在江西，文物往往隐藏在学校里。赣州的慈云塔在厚德路小学校园内，夜话亭在赣州第一中学校园内，吉安的白鹭洲书院在白鹭洲中学里面，永丰县沙溪镇的西阳宫又在欧阳修中学。寻访了这些古迹之后，我们还探访了文天祥陵园、净居寺黄庭坚诗碑、吉州窑遗址、铅山鹅湖书院等。

宋代江西号称"文人半天下"，晏殊、欧阳修、曾巩、王安石、黄庭坚、杨万里、姜夔、文天祥等都是江西籍文坛巨匠。不过他们当中，晏殊、欧阳修、王安石、姜夔生前就迁居他乡，死后也未归葬梓里，他们虽然是江西籍，身上的江西烙印却未必深刻，这个现象又以欧阳修最为典型。

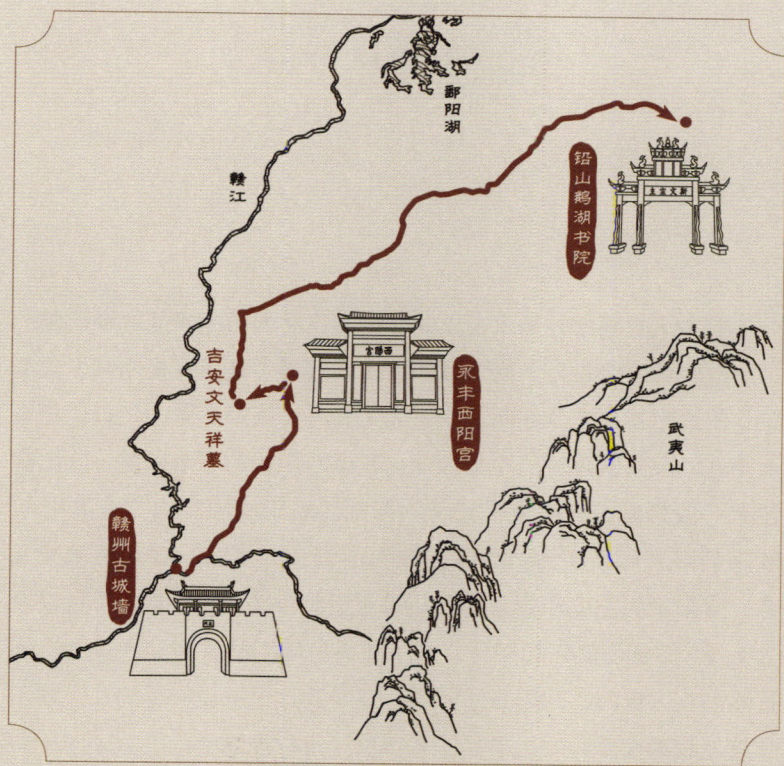

江西行程：赣州古城墙、永丰西阳宫、吉安文天祥墓、铅山鹅湖书院

一、欧阳修有个哥哥

有些历史现象，从家长里短、庸常生活的角度才能解释清楚。

欧阳修有个哥哥。南宋颍州人王明清写了部叫《挥麈录》的笔记，里面引吉州（今江西吉安）人龙衮《江南野史》的记载，指责欧阳修的父亲欧阳观的生活操守。在娶欧阳修的母亲以前，欧阳观还有一段婚姻，并生下了长子欧阳晒。后来欧阳观出妇（离婚），欧阳晒跟着母亲生活。等欧阳观考中进士当了官，欧阳晒来找父亲，欧阳观的态度却非常冷淡，简直把他当成奴仆来看待（待以庶人），不愿意让他一起居住，到了冬天，欧阳晒甚至穿不暖和。不过欧阳观去世时，欧阳修才四岁，还是靠这个不受待见的长子欧阳晒把他收葬在今天的永丰县沙溪镇拱江背村泷冈山。

龙衮的这些说法，王明清虽然抄在自己的笔记当中，却有点不太相信，他怀疑龙衮可能和欧阳观或欧阳修有仇，才刻意编造了这些内容。不过欧阳观出妇这个事情，应该没有什么疑问。因为欧阳观五十九岁去世时，欧阳修的母亲才二十九岁，这显然不是欧阳观的第一次婚姻。欧阳修应该参加了父亲的葬礼，成年后也跟哥哥见过面。那是他被贬到夷陵，途经鄂州时，派人去请家住在黄陂的兄长欧阳昞一起喝酒，还在昞家住了几夜。昞家就在长江边上，还建了一间以"儵"命名的亭子。"儵"通"倏"，又指江中的白鲦鱼或传说中的鱼怪，名字取得很有趣味。两年后欧阳修离开夷陵时，兄弟俩再次相见，欧阳修游览了儵亭，写了一篇《游儵亭记》，文章称家兄喜欢读历史，心胸开阔，"视富贵而不动"。就是说欧阳昞是个快乐的农民，既不考科举，也不做生意赚钱，生活怡然自得。

欧阳昞的生活道路很容易被父亲欧阳观鄙视。我们今天可以大胆猜想一下欧阳观出妇的原因，欧阳观考上进士时已年近五十岁，就算他晚至三十岁结婚，这时欧阳昞也已成年。公公虽然是官宦之身，却早已离世，丈夫长期科考却不中第，家中只有开销，几无收入，眼看孩子成年，做母亲的心情可想而知。她或许希望欧阳观放弃没有前途的业儒生活，甚至说了一些过头的，用今天的话说是"伤了知识分子自尊"的话，于是感情破裂了……

欧阳修有时自称"渤海欧阳氏"，等于把祖先追到了唐朝的著名书法家欧阳询。大概到了中唐，欧阳修这一支迁徙到吉州。南唐时，他的曾祖父考上进士，又把家搬到了吉州沙溪镇。祖父这一辈出仕南唐者已有五人，确立了这个家庭的业儒传统。欧阳观在绵州（今四川绵阳）军事推官任上生下欧阳修，卒于泰州军事推官任所，去世时没有留下什么财产。父亲入葬时，欧阳修应该才第一次回到沙溪。当时老家只有大叔欧阳旦"隐德不仕，事母以孝，为乡里所称"。此后欧阳修随母亲往随州（今湖北随州）跟着叔叔欧阳晔一起生活。在随州时，他曾在当地大姓李氏家中借得残本《昌黎先生文集》，这次借书经历给他留下了深刻印象。

摆在欧阳修面前的只有科举业儒这一条路。欧阳修从十七岁

欧阳观、郑氏合葬墓

胥、杨二夫人合葬墓

开始应举，天圣四年（1026），通过随州州试。二十二岁那年，欧阳修去拜访知汉阳军胥偃，获得赏识，并随胥偃到京城参加科举。天圣八年（1030），欧阳修崇政殿试中进士甲科，授校书郎，充西京留守推官。然后胥偃把女儿嫁给了欧阳修。结婚两年后的1033年，胥氏病卒，年十七。第二年欧阳修娶杨大雅的女儿为妻，十个月后再次丧偶。1037年，被贬夷陵的欧阳修迎娶薛奎的女儿，两人成为终身伴侣。1052年欧阳修移知应天府，母亲郑氏去世，时年七十二岁。欧阳修将母亲与父亲合葬，也将胥、杨两位夫人的遗骸带回沙溪。今天永丰县沙溪镇泷冈山上还有欧阳氏的家族茔墓，除了欧阳观、郑夫人合墓，欧阳修胥、杨二夫人的合墓，又有叔父欧阳旦与彭夫人的合墓，以及侄子欧阳通理（欧阳晒子）与江氏的合墓。

当时欧阳修已经在颍州购田定居，安葬母亲后便回到颍州为母亲守制，在那里完成了《新五代史》的写作。又过了二十年，王安石变法期间，欧阳修在颍州去世，年六十六，三年后葬于开封府新郑县旌贤乡（今河南新郑辛店镇欧阳寺村）。那里还安葬着一直生活到元祐年间的薛氏，以及薛氏所出的四个儿子。

二、六一先生薄吉州

欧阳修曾为韩琦撰写《昼锦堂记》，韩琦对故乡相州（今河南安阳）有深厚感情，特别在意昼锦还乡。欧阳修则完全不同，对吉州的感情有些寡淡，除了安葬父母，似乎从未回过乡。宋代的江西人才辈出，欧阳修对故乡的态度，引起了同乡士子的非议。鄱阳人洪迈评论欧阳修的《思颍诗》，就指责欧阳修把颍州当故乡，以致泷冈祖坟"无复有子孙临之"。吉安人罗大经说欧阳修"无回首敝庐、息间乔木之意"。南宋宰相周必大也是吉安人，退休后回乡居住，有人写诗庆贺周必大荣退，还顺带嘲讽欧阳修，说是"六一先生薄吉州，归田去作颍昌游。我公不同螺江住，羞杀青原白鹭洲"。

不过这些非议欧阳修的都是南宋人，当时北方沦陷，他们也没有机会卜居安葬于京洛地区，北宋迁徙官僚的心境他们恐怕无从体会。宋代的颍州富饶美丽，苏轼甚至说"未觉杭颍谁雌雄"，用颍州来媲美杭州，可见当时颍州的风致。何况像欧阳修这样业儒家庭出身的官僚，一生的荣辱恩宠系于朝廷，无论从情感上还是从前途上考虑，在京城附近居住、安葬是他们的共同愿望。来自各地的北宋名臣，包括赵普、寇准、陈尧佐、杜衍、庞籍、范仲淹、晏殊、包拯、陈希亮、吴育、范镇、王珪、鲜于侁、王陶及苏轼兄弟，无不卜葬河南。开封、洛阳、巩义、新郑这些地方，是他们的首选。

欧阳修定居颍州后，泷冈祖坟"遂无复有子孙临之"，便把祭扫坟茔之事拜托给附近西阳观的道士。西阳观创建于唐贞观三年（629）以前，为避父亲名讳，欧阳修奏请朝廷，将"观"改"宫"，西阳宫也随之成为欧阳修父母的坟院。我和老沈在吉安参观完白鹭洲书院后，为了前往沙溪镇西阳宫，背着行李转了两趟公交车，又专程到火车站找出租车，终于有位司机愿意帮我们完成永丰之旅。进入高速永丰县入口是中午一点四十，到西阳宫所在的欧阳修中学已是将近下午三时。然而西阳宫大门紧锁。老沈当时的游记写道："我们到的时候学校已经放学，看到西阳宫大门紧闭，不觉大惊，心想难道要白来一趟。幸好门口的老师打电话给管理西阳宫的欧阳阿姨，原来阿姨在里面烧饭，又怕学生乱闯，所以从内把门锁了。欧阳阿姨是欧阳修的后人，人很热情，带领我们进内参观。西阳宫正门上'西阳宫'三字传为康熙御笔，而门后的'柱国冢宰'

江西永丰县沙溪镇的西阳宫

西阳宫内的欧阳文忠公祠

传为文天祥手书，西阳宫内的主建筑为欧阳文忠公祠，这是一个四合院式的建筑，内部有欧阳修的塑像，还有欧阳一族的世系表。出门左侧是一幢两层小楼，里面陈列的正是我们此行的目的，全国重点文物保护单位《泷冈阡表》碑。"

欧阳文忠公祠堂始建于欧阳修去世后，淳熙十三年（1186）重建，现存为清乾嘉时期的建筑。祠左的泷冈阡表碑亭也始建于宋，现在是1960年省文化局重建的两层重檐歇山式仿古建筑。除《泷冈阡表》碑之外，祠堂又收藏有《重修西阳宫记》碑等。祠右则有泷冈书院，元代始建，清代重修。泷冈书院后面又有文儒读书堂，民国时期改为沙溪高等小学，直到20世纪90年代并入创办于1957年的欧阳修中学。

三、《泷冈阡表》碑

与《醉翁亭记》一样，《泷冈阡表》也是入选《古文观止》的文学名篇，与韩愈《祭十二郎文》、袁枚《祭妹文》并称三大祭文。传说欧阳修自悔书不成体，从未书碑，只有《泷冈阡表》碑（包括碑阴）是亲自书写。欧阳修又在青州选石镌刻，派人护送至西阳宫建亭立碑。阡表就是墓表，立于墓室之外，欧阳修此文用于纪念父母恩情。由于少孤，父亲的形象全赖母亲的描述构建起来，对母亲的深情则是溢于言表。这篇祭文在父母合葬后不久即已写成，原题为《先君墓表》，但欧阳修在将近二十年后精心改写成《泷冈阡表》后才书碑立石。一代文豪欧阳修对于作文确实是精益求精，不惜反复修改，《泷冈阡表》即是范例，但修改文字几近二十年才称心如意，显然不合常理。

其实欧阳修在文中交代了拖延原因，他说父亲安葬六十年后才

《泷冈阡表》碑

立碑，"非敢缓也，盖有待也"。他在等待什么呢？等待实现母亲对他的期待。因为自幼母亲就跟他说，你父亲廉洁，俸禄微薄，死后什么都没有留下，我之所以守节茹苦，精心培养你，完全是因为你父亲对你有很高的期待。这样的恩情是欧阳修汲汲于报答的，但母亲去世时，欧阳修的官职不过龙图阁直学士、尚书吏部郎中、南京留守，朝廷对父母虽然也有所封赠，但欧阳修还不满足。改写《泷冈阡表》时，欧阳修的结衔已是"男推诚保德崇仁翊戴功臣、观文殿学士、特进、行兵部尚书、知青州军州事、兼管内劝农使、充京东东路安抚使、上柱国、乐安郡开国公、食邑四千三百户食实封一千二百户"，父母的封赠已是太师、国公级别。他终于可以骄傲地写道：

又八年，修以非才入副枢密，遂参政事。又七年而罢。自

欧阳氏世次碑

登二府，天子推恩，褒其三世，盖自嘉祐以来，逢国大庆，必加宠锡……皇考崇公累赠金紫光禄大夫、太师、中书令兼尚书令。皇妣累封越国太夫人。今上初郊，皇考赐爵为崇国公，太夫人进号魏国。

无论《泷冈阡表》敬了多少文学上的改进，不得不承认，以上职官与封赠才是与《先君墓表》最大的区别，也是二十年来欧阳修内心真正的期待。

至于碑阴欧阳氏世次碑则是另一个故事。这是欧阳修改写《泷冈阡表》前不久所撰的《欧阳氏谱图序》及谱图，也由他亲自书碑，记载欧阳氏子孙迁徙及世系传承。如前所述，欧阳氏迁居沙溪不过三代，族人多业需宦游，在当地并无稳定的宗族组织，庐陵以前的世系更是难以追踪。"六一先生薄吉州，归田去作颍昌游"，欧阳修一生可能只来过两次沙溪，寻根问祖不过是纸面上功夫，谱图的内容更是错误百出。不过欧阳修并不虚伪，他热衷于集古事业，对构建世家大族并不热心。欧阳修认为，宗族重建，五世则迁便可，旁系别支，不必一一俱录。根据他倡导的这种"小宗之法"，族谱世系五世为限，五世以后别立世系。这和后世族谱常见的谱系体例，正是他与学生苏轼这两位迁徙官僚所创，世称"欧苏谱法"。

相关事件年表

1063   赵祯去世，赵曙（宋英宗）继位。

1064   皇太后曹氏还政，赵曙亲政。

1065   濮议之争。欧阳修等编《太常因革礼》。

1066   诏司马光修《历代君臣事迹》（《资治通鉴》）。

        立赵顼为太子。

1067   赵曙去世，赵顼（宋神宗）继位。

        夏国主谅祚去世，子秉常继位。

1068   王安石越次入对。韩琦知相州。

1069   王安石参知政事，行均输法、青苗法。

1070   行保甲法、免役法。欧阳修知蔡州，号"六一居士"。

        司马光出知永兴军。

韩琦富贵归故乡：安阳昼锦堂

  2015年9月10日，参观完濮阳回銮碑，我们还赶到汤阴寻访岳飞庙。第二天，我们在安阳游览殷墟与袁林，又在天宁寺塔与韩琦的昼锦堂寻宋。史籍记载，岳飞"相州人，为韩魏公家佃户"，因此邓广铭《岳飞传》中说，当岳飞"已能胜任农业方面的一些操作技术时，他便到相州安阳县的昼锦堂韩家做了一名庄客"。现在的汤阴是安阳市的属县。汤阴岳庙距昼锦堂仅20公里。岳飞与韩琦的孙子韩治是同时代人，韩治曾知相州，韩家无疑是当时安阳地区最有权势的官僚大地主。而且韩氏与皇家联姻，是两宋最显赫的外戚与世族，到了南宋，韩氏子孙韩侂胄更是权倾一时。

  像韩琦这样重要的宋代政治人物，当然被我们列进了最初的寻宋提纲，但在制订跨越冀豫两省的寻宋行程时，昼锦堂被遗漏了。
我们在前往殷墟途中看到旅游景点指引牌时才意识到这一点。这个
疏忽令人惭愧，也显示了历史记忆的奇妙。韩琦与范仲淹、欧阳修
同时代，政治地位远超范、欧二公，但历史声望却不能与后两者相
提并论。这不奇怪，毕竟道德文章才是中国式历史构建的核心。

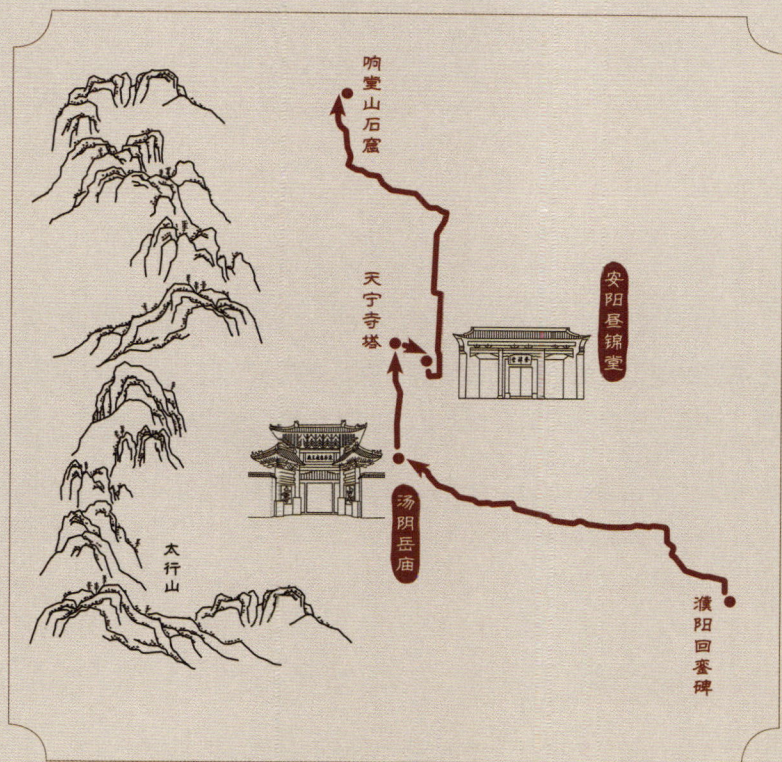

响堂山石窟

天宁寺塔

安阳昼锦堂

太行山

汤阴岳庙

濮阳回銮碑

安阳行程：濮阳回銮碑、汤阴岳庙、天宁寺塔、安阳昼锦堂、响堂山石窟

一、四绝碑

"葛逻禄"是6世纪至13世纪中亚的一个部族，讲突厥语，居住在阿尔泰山之西，今天乌兹别克族及维吾尔族的祖先之一。在元朝，包括葛逻禄在内的西域及更西的各民族，被统称为"色目人"，一般认为他们的政治地位高于汉人。虽然蒙古统治者拒绝汉化，但在大一统时代，汉文化对各族人民仍有很强的吸引力。元初，葛逻禄人迺贤进入中原，后随兄来到浙江，定居鄞县，曾任东湖书院山长、翰林国史院编修等职。至正五年（1345），迺贤从浙江渡淮河，在黄河流域及北方各地访古，注重对古代城郭、宫苑、寺观、陵墓等遗迹的考察。他搜寻古碑名刻，撰成《河朔访古记》十六卷，突破宋代金石学单纯考订文字的传统，还被认为是明代旅游专著兴起的一个源头。

虽然《河朔访古记》早已佚失，今天仍能从《永乐大典》中辑得一百三十余条，编成三卷《河朔访古记》残本，其中保留着对安阳韩琦祠的考察报告。安阳在宋代称相州，金朝升为彰德府。迺贤称，彰德城的昼锦坊有宋朝宰相韩琦的祠庙，俗称韩王庙，规模宏伟，"重门修庑，中为大殿"，大殿中间有韩琦的塑像，"衮冕龙榻"，两边有"侍从之臣相向拱立"，十分威严，有"庙堂气象"。

韩王庙最早是生祠。宋神宗继位后，任用王安石变法。韩琦认为王安石文笔不错，是当翰林学士的绝佳人选，但不适合当宰相主持朝政。韩琦不知道，在年轻的宋神宗及"超迈绝伦"的王安石眼中，"两朝顾命定策元勋"的他早已落伍。在宋仁宗的永厚陵修成之后，第二次担任山陵使的韩琦再次辞相，回到家乡相州。半年之后，因河北地震、水灾，朝廷紧急任命韩琦出镇大名府。此后变法陆续展开，韩琦在大名府坚决抵制青苗法等。韩琦出知大名府时，相州民众不舍，为其修建生祠。迺贤发现，宋中书舍人王靓为韩王庙撰写的庙记碑刻已毁于兵火，他看到的是高书训的元朝重建韩琦庙碑。

韩琦庙最重要的文物是《昼锦堂记》碑，且昼锦堂本不在韩琦庙。宋仁宗至和元年（1054），出镇并州的韩琦操劳过度，重病缠身，请求朝廷派太医齐士明为其治疗，随后又在齐士明建议下请求回相州家乡静养。韩琦的这些请求有点过分，但宋仁宗一一满足。1055年韩琦第一次出知相州，并在相州署衙石建园池，包括康乐园与昼锦堂。

第二年，韩琦被朝廷召回京师，开始了他十年之久的宰相生涯。其间，韩琦为确保宋英宗与宋神宗顺利继位，挺身而出，两次立下顾命定策之功。宋英宗继位之初，甚至提出由韩琦摄政，自己为宋仁宗服孝，虽然只是客气，也足见对韩琦的倚重。后来新皇帝犯了精神病不能理政，又与曹太后多生牴牾，韩琦先请曹太后听政，又请曹太后还政，为宋廷度过各种政治危机操碎了心，这是韩琦政治生涯最严峻、也最志得意满的时刻。就在这个时期，韩琦请政治盟友欧阳修为相州的昼锦堂撰写记文，又请最负盛名的书法家蔡襄书丹，请龙图阁学士邵必篆额，并于治平二年（1065）三月十三日勒石刻碑，《昼锦堂记》碑也因欧阳修、蔡襄、邵必合力制作而称"三绝碑"。

迺贤在《河朔访古记》中称《昼锦堂记》碑为'四绝碑"，这是因为现存的《昼锦堂记》碑并非治平二年刊石的原物，而是"至元间再摹而刻"，并在碑阴复刻司马光的《北京韩魏公祠堂记》。现在各种资料中都说原碑如何毁坏不得而知，然而这个问题值得深究。昼锦堂建成之时即成为著名景点，宋室南渡之后仍完好无缺，金朝一位贵人还曾进一步"修饰之"。在这以后究竟发生了什么，导致《昼锦堂记》碑被毁呢？

二、昼锦堂

韩琦在相州衙署后圃修筑园林，后经子孙扩建 除昼锦堂外，又建有忘机堂、狎鸥亭、观鱼轩、荣归堂、魏台（假山，又称高台）等建筑景观。明初，原来的宋代衙署仍是彰德府署，但统称昼锦堂的园林可能已经衰败，后来被占为藩王（赵王）府。到了清代，原来昼锦堂的位置建起了佛寺，即现在的高阁寺。因此宋代昼锦堂的遗址在今安阳市文峰中路高阁寺一带，原来的衙署则变成了关帝庙。

明代昼锦堂被藩王府占据之后，又被知府冯忠移建于韩王庙东侧，即今安阳市东南营一带，规模格局一仍其旧。清代，移建的昼锦堂又改为昼锦书院，废科举之后演变为中学，直到1967年焚毁。元代复刻的《昼锦堂记》碑，后来久埋于地下，清顺治年间才从鼓楼西出土，移立于韩王庙。

韩王庙就是韩琦出镇大名时相州民众为他建的生祠。当时韩琦

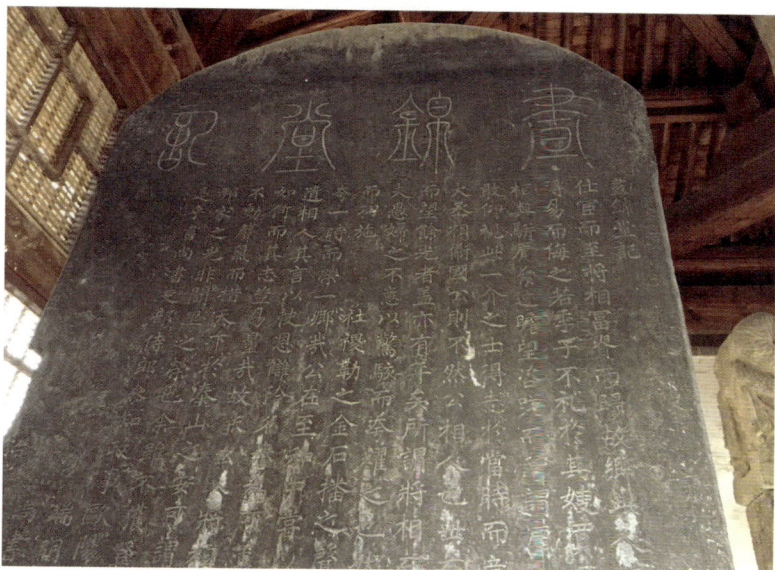

安阳《昼锦堂记》碑

在大名抵制王安石变法，毫无效果，心灰意冷，又疾病缠身，不断请求还判相州，四年后终于获得允准。韩琦在相州又过了两年，因边事紧张，宋神宗手诏向韩琦等老臣询问对策。韩琦写了两千多言慷慨激昂的奏议，批评王安石的新政以及开边的举措。但他并不知道，这些主张遭到了宋神宗与王安石的嘲讽。数月之后，即熙宁八年（1075）五月，韩琦去世，享年六十八岁。

韩琦是北宋从庆历新政到熙宁变法时期最重要的政治人物。他当政的十余年间，主要精力都在处理继承人及政权稳定等问题，无暇顾及政治改革。韩琦作为"两朝顾命定策元勋"名垂史册，他老练而务实，与那种抱负远大的政治家形象似乎保持着一定的距离。稳健的作风，使他有机会构建起宋朝历史上最显赫的世家大族。虽然宋朝倡导宗族复兴的名士是范仲淹、张载、程颐等人，但他们的家族势力完全不能与韩琦相提并论。宋史界对韩琦的研究并不热闹，但陶晋生、王曾瑜两位大家都写过韩琦家族的专题论文。

相州韩氏的历史可以追溯到中唐，这一家族原籍在深州博野（今属河北保定）。唐末藩镇割据，文人多事幕府，韩氏家族四代都是成德节度使王氏军阀的幕僚，一直到韩构迁居相州。韩构是韩琦的祖父，入宋后曾知康州（今广东肇庆德庆），卒于治所。韩琦的父亲韩国华十九岁登进士第，曾知泉州。韩国华六子，其中韩琚、韩璩、韩琦三人登科出仕。韩琦是幼子，韩国华去世时韩琦年仅四岁。韩琦官至宰相后，韩国华也被追赠太师，富弼为他撰写的神道碑至今立于安阳市珍珠泉景区附近的井家庄村。

韩琦的妻子出自鄢陵崔氏。鄢陵崔氏是唐代衣冠甲族清河崔氏的一支，晚唐以来崔氏早已式微，士族通婚的旧规早已无从谈起。崔氏的父亲崔立也是进士出身，官至工部侍郎。韩、崔结合，是宋代科举士大夫之间的正常联姻。韩琦六子，长子韩忠彦在徽宗朝任宰相，其妻出自宰相吕夷简家族。四子韩纯彦也中进士，妻子是知枢密院事孙固的女儿。五子韩粹彦恩荫出身，娶资政殿学士陈荐之女。幼子韩嘉彦尚宋神宗第三女唐国长公主而拜驸马都尉。整个韩氏家族联姻遍及整个宰执群体，联姻对象包括李昉、王曾、文彦博、鲁宗道、刘安世、吴充、郑亿年、李清臣、蔡京、秦桧等等。

韩氏子孙在宋徽宗时已是遍布官场，甚至还有"世选韩氏子孙一人官相州"的优待，几乎跟圣人孔子看齐。韩琦之后，韩氏子孙中的其中两支将韩氏家族的政治影响力一直延续到南宋。一支是韩忠彦—韩治—韩肖胄。韩忠彦在徽宗朝官至宰相，但受到曾布的排挤，蔡京也不顾与韩氏的亲家情面，将韩忠彦、韩治父子列于元祐奸党碑。总算韩琦对先帝有恩，又是皇亲国戚，宋徽宗下诏免除韩氏父子的党争之累。韩治及其长子韩肖胄相继知桂州，在昼锦堂增建荣归堂和荣事堂。宋室南渡后，韩肖胄出使金国，并首次带回了金使。秦桧主持签订绍兴和议，韩肖胄又以签书枢密院事充大金奉表报谢使。显然，直到韩肖胄时代，金人都没有理由破坏昼锦堂及附属的碑铭。另一支是韩嘉彦—韩诚—韩侂胄。韩肖胄有曾孙女被选入宫，后来成为宋宁宗的皇后，而宋宁宗是韩嘉彦的孙子韩侂胄在一次政变中扶立的。韩嘉彦是宋神宗的驸马，他的儿子韩诚娶了宋高宗吴皇后的妹妹，与宋高宗结成了连襟。韩诚的儿子韩侂胄就是吴皇后的外甥，并娶了吴皇后的侄女，以皇亲国戚荫补武阶，任知阁门事，可以出入后宫。宋光宗与太上皇宋孝宗失和，又得了精神病，宋孝宗去世，宋光宗竟不能持丧，引发朝局震荡。宗室大臣赵汝愚通过宦官关礼及后戚韩侂胄，与太皇太后吴氏密谋废除宋光宗，立其子宋宁宗，史称"绍熙政变"。此后韩侂胄排挤赵汝愚，垄断朝政，废黜理学，并发动对金国的战争，史称"开禧北伐"。韩侂胄专权十四年，当时有赵氏宗室感叹"路人莫作皇亲看，姓赵如今不似韩"。陆游因为主战，也曾赞美韩侂胄，称韩琦同时代的名臣大族百年以后无不"寂寥无闻"，只有"韩氏之昌，将与宋无极"。这一切当然是三朝元老韩琦的恩泽，从世家经营的角度讲，韩琦无疑是宋朝头号人生赢家。

可惜宋军在"开禧北伐"中战败，韩侂胄成为破坏宋金和议的罪人。于是韩侂胄被政敌们——杨皇后、杨次山（外戚）及史弥远联手杀害，首级被函送金国。元代以前《昼锦堂记》碑曾遭毁坏，理论上讲遭毁坏的时间应该就在"开禧北伐"的1207年，距韩琦出生的大中祥符元年（1008）已有二百年。

三、韩王庙

韩魏公祠俗称韩王庙，最早是熙宁年间依商王庙而建的韩琦生祠，现在与昼锦堂一同被列为全国重点文物保护单位。商王庙是纪念商王河亶甲的祠庙，传说河亶甲葬于此处，韩魏公祠大殿东侧至今仍有商王庙及元代的商王庙碑。韩王庙可能毁于宋金战争，元代重建，现存祠庙大殿仍保留元代梁架结构。大殿内外的"器博道宏"与"适时济物"匾，据说是庚子之变时慈禧太后和光绪皇帝从西安返京，路过安阳拜谒韩王庙时题写的。

从商王庙前往昼锦堂，其间有碑亭，亭内立有《昼锦堂记》碑、《荣事堂记》碑、《醉白堂记》碑、《重修宋忠献王昼锦堂碑亭记》

安阳商王庙

安阳韩魏公祠

碑四通碑铭。其中《荣事堂记》碑由赵鼎臣撰文，宣和元年（1119）立石，碑文斑剥难辨。苏轼撰文的《醉白堂记》碑是明代重刻，《重修宋忠献王昼锦堂碑亭记》碑刻则是清代的产物。为了保护古碑，碑亭砌墙上锁，不对外开放，亭外的《昼锦堂记》碑是新近的复制品。不过从碑亭窗缝低可张望《昼锦堂记》碑蔡襄的书法，人称蔡襄书法"端重严劲，绝类鲁公（颜真卿），宋人称为本朝第一，信不虚也"。宋代书法以苏、黄、米、蔡为四大家，蔡或谓襄，或谓京。蔡襄书法盛名一时，讲求唐人法度，与苏、黄、米书法的文人意态绝不相同。《昼锦堂记》碑的书写并非一气呵成，而是一纸一字反复琢磨，裁截布列，连缀而成。碑亭往东是昼锦堂遗址，1967年毁于火灾之后尚未修复，如今仅剩古槐、破败的清代建筑奎楼，

昼锦堂现状

以及大量破损的石刻碑铭。

　　论宋代历史人物的知名度，韩琦远不及包拯、范仲淹、王安石、苏轼、司马光等人。但就门第赓续而言，相州韩氏可谓是宋代士族第一家。两宋能与韩家媲隆者当数鄞县（今属浙江宁波）史氏，其核心人物正是谋害韩侂胄并取而代之的史弥远，他是南宋最成功的权相。史氏家族墓地上的二百余尊石像生，如今集中陈列于宁波东钱湖畔的南宋石刻公园。宋亡之后，色目人迺贤正是从鄞县出发，前往河朔寻碑访古，考察韩王庙及《昼锦堂记》碑的。

　　此外，安阳又有韩琦家族墓园。由于南水北调工程的建设，2009年至2010年间，安阳市文物考古研究所对安阳市皇甫屯村的韩琦家族墓园进行考古发掘，发现韩琦及其妻、子、孙的砖石墓室九座，墓志九方。发掘完成后，又将墓地向南整体迁移300米后复建。

宁波南宋石刻博物馆造像

相关事件年表

1071　立太学三舍法。欧阳修致仕，居颍州。

1072　行市易法、保马法。欧阳修去世。

1073　韩琦判相州。周敦颐去世。

1074　郑侠上《流民图》，司马光言新法不便，王安石罢相。

1075　王安石复相。

　　　颁王安石等修《诗》《书》《周礼》三经义，以为科举标准。

　　　韩琦去世。

制造周敦颐：庐山爱莲池

　　庐山是传统文化的坐标。这里是"虎溪三笑"的发生地，东林寺与白鹿洞书院的所在，也是陈寅恪的归葬处。"不识庐山真面目，只缘身在此山中"意味着苏轼获得佛教印可，成为禅宗法嗣。不过包括庐山在内，整个江西在旅游市场都显得相当低调。对我们的寻宋之旅来说，庐山所在的江西九江则是要紧的一程，这里有很多重要但鲜为人知的宋代遗迹。

　　2018年4月的九江寻宋，除了周敦颐墓与爱莲池，我们要去的宋代遗迹还有观音桥、落星墩及浔阳楼。观音桥建于大中祥符七年（1014），拱圈保存众多清晰题刻，在所访众多宋桥中实属难得。4月8日上庐山之前，我们游览了石钟山、岳母墓及东林寺、西林寺，参观白鹿洞书院则是在4月11日下庐山以后。石钟山现存主要是清代建筑，苏轼遗迹已无处可寻。据李常生先生介绍，现在大家去看的石钟山是"下石钟山"，苏轼去的石钟山接近"上石钟山"，现为军事管制区。至于岳母墓，虽然牵动着南宋初期的政治风云，又有舒同题匾、宋平题字，但终究无人问津。

庐山寻宋的意外收获，是偶遇天池寺石刻。天池寺石刻又称"照江崖"，以王阳明《夜宿天池寺》诗刻闻名。但王阳明诗刻被挤在一边，该崖石主体部分在南宋嘉定年间已有题刻，作者是宗室大臣赵汝愚的儿子赵崇宪。清代的《庐山志》记载，天池寺有"天池塔，在山顶，宋丞相韩侂胄建，今半颓"，又称"赵忠定公汝愚祠，在山麓，以祀忠定与其父母，莫知所由始，今废"。就是说天池寺曾有赵汝愚的祠堂，来历不详，清代已废。而石刻的内容，正是赵崇宪派其子赵必昼祭奠先祖，并期待他日"吏责少宽"便来修葺祠堂。

至于周敦颐隐居庐山这回事，本来并不起眼，但世事难料……

长江

浮阳楼

石钟山

西林寺

东林寺

岳母墓

周敦颐墓

鄱阳湖

庐山

天池寺石刻

观音桥

白鹿洞书院

爱莲池

九江行程：石钟山、浮阳楼、周敦颐墓、岳母墓、西林寺、东林寺、天池寺石刻、白鹿洞书院、观音桥、爱莲池

一、周敦颐墓

　　1983年5月，一位北京大学日本留学生开启了"漫长的独自旅行"，他从北京出发，经江苏六城、上海、江西九江、湖北汉口，然后返回北京。前往九江主要是寻访周敦颐墓，但在路上听说"现在就算去的话，因为什么都没有了，所以找都找不到"。最后留学生还是找到了墓地，看到的情形是"周围杂树丛生，建筑物也已不复存在，只剩下满地的残垣断瓦"。他十分感慨，"展现在眼前的风景，与随身带来的常盘著作影本上的截然不同"，欣慰的是，"从墓地往南远眺庐山的风景，确实非常美丽"。

　　所谓常盘著作，就是1922年常盘大定在中国各地考察后编写的《支那文化史迹》。书中照片（影本）保留了清光绪年间彭玉麟等人修复周敦颐墓的盛况，常盘大定当时感叹，"墓非常气派，在儒家学者的墓中能有如此雄伟规模的，恐怕非常罕见"。常盘大定所见周敦颐墓于1959年列为江西省文物保护单位，但在"文革"中被破坏殆尽。"文革"结束后，周氏后裔为重建墓地四处奔走。1998年和2004年，香港周氏宗亲会、周氏后裔修墓委员会分别募

今天从周敦颐墓往南远眺庐山

集资金，在九江市政府支持下，周敦颐墓地得到了全面修复。

二十八年后，这位名叫吾妻重二的留学生已经成为知名学者。2011年10月，吾妻重二参加在庐山白鹿洞书院召开的朱子学国际学术会议，顺道重访周敦颐墓。他惊奇地发现，新墓基本恢复了清代宏伟的规模。虽然明清文物荡然无存，但20世纪60年代遭受破坏时，周敦颐母亲郑氏的"仙居县太君墓志铭"被挖掘出来，现在陈列在墓地展览馆，"这几乎就是周敦颐墓唯一遗留至今的原物，无比珍贵"。吾妻重二还惊奇地发现，展览馆介绍，周树人（鲁迅）兄弟、周恩来等都是周敦颐的后裔，"爱莲堂"匾额还是周恩来题写。

周敦颐墓园

周恩来题匾的爱莲堂

周敦颐墓的宏伟规模，是太平天国运动中被彻底破坏以后，湘军将领罗泽南、彭玉麟等人扩建的结果。墓原来的规模不大，明弘治年间九江府知事修复杂草覆盖的墓地时，才新筑了爱莲堂并凿池植莲。进一步追溯历史，若不是南宋朱熹对周敦颐的极力推崇，周敦颐墓非但不会有祭室（祠堂）与祭田，恐怕连墓地也早已湮灭。

二、归隐庐山

周敦颐写过一篇《爱莲说》，是初中就要背诵的课文，在中国家喻户晓。不过吾妻重二相信周敦颐对整个东亚文化都有深远的影响，他说韩国国旗的太极图来源于周敦颐的《太极图说》，越南国花莲花也受到《爱莲说》的影响，甚至日本人推崇的"洒落"人格也出自黄庭坚对周敦颐的夸奖，"春陵周茂叔，人品甚高，胸怀洒落，如光风霁月"。

周敦颐"人品甚高，胸怀洒落"，特指他五一五岁时辞官（提前退休）归隐庐山这一举动。不过周敦颐归隐之计十多年前就已形成。他在合州（今重庆合川）做官四年期满之后，往京城开封改官，路经江西时有庐山之行。第二年（嘉祐六年，1061），也就是苏轼参加制科考试一举成名的时候，周敦颐得到通判虔州（今江西赣州）的新职务。他在赴任途中再次游览庐山，更萌发了在庐山定居的念头，在莲花峰下购置地产，在小溪旁修筑"濂溪书堂"。十年之后（熙宁四年，1071），周敦颐在广南东路（今广东广州）负责监察司法，听说母亲在润州（今江苏镇江）的坟茔被水冲垮，便请求调任知南康军。南康军治所星子县现今已并入庐山市，离庐山北麓莲花镇周家湾的周敦颐墓不过25公里。周敦颐的调职请求就是为归隐庐山而准备的。他在这年八月赴南康军，十二月将母亲改

周敦颐太极图

韩国国旗

越南航空logo

葬庐山北麓，然后以多病为由辞官归隐。在周敦颐的人生轨迹中，这一走真是风轻云淡，岁月静好——当时宋廷正值多事之秋，新法遭到各地激烈抵制，内外战事不断发生。

这一年，司马光罢归洛阳才是轰动士林的大事件，周敦颐归隐庐山恐怕没有引起任何人的注意。周敦颐并不反对王安石变法，周敦颐的小舅子蒲宗孟是变法派的重要成员，他说周敦颐的家中经常"称美熙宁新政"。朱熹极力推崇周敦颐，但周敦颐支持熙宁变法令他无法接受，于是删改蒲宗孟与潘兴嗣撰写的周敦颐墓碣与墓志铭，又编了周敦颐的生平事迹。

周敦颐是否关注朝中新法引起的政争？他对新法的态度究竟如何？他的致仕隐退是否与新法存在某种关联？或许京城无休止的政治斗争丝毫不曾触动他洒落的内心，或许他早已勘破党争之祸所以及早抽身，但这些都不重要。归隐后仅一年，周敦颐便离开了纷扰的世界，"多病"恐怕是他辞官的真实理由。周敦颐跟小他四岁的王安石曾有过一面之缘，那是嘉祐五年（1061）在京城，他们大概讨论了宇宙边界、时间形状之类的抽象问题。王安石学问再好，志趣再高洁，也抵挡不住这么古怪的议题。据说他们一连聊了几个日夜，然后王安石冥思苦想，一度处于不食不眠的状态。

此后周敦颐到江西、湖南一带任职。王安石变法开始后，周敦颐获得重要升迁，被派到广南东路担任王安石特别重视的财政与法律方面的职务。作为绝无机会参与朝廷政争的地方官员，周敦颐抵制新法的可能性几乎是零。不过即便赞成新法，周敦颐的抱负也不在官场，毕竟昼锦还乡不是为他这种没有科举功名的边缘人准备的。

三、十八线明星

周敦颐的舅舅郑向官至知制诰、龙图阁学士，周敦颐因舅舅恩荫入仕，好像没有考过科举，这在宋代基本属于不思上进。他的母亲郑氏与父亲周辅成都是二婚，在天禧元年（1017）生下周敦颐。周敦颐出生两年前，父亲考中进士，不过是个特奏名，这是朝廷对屡试不中者的一种补偿，就是说周辅成连考六次都没考上，朝廷给了一个安慰奖。这样的进士当然不值得炫耀，也注定了周辅成一辈子在偏远地区当小官，他去世时不过是贺州桂岭县（今广西贺州桂岭镇）的县令。

父亲去世后，周敦颐和母亲跟着舅舅生活。他本名惇实，因避英宗讳改惇颐，南宋时又因避光宗讳改敦颐。他名字中的"惇"其实是郑家表兄弟的字行。舅舅将周敦颐的工作与婚姻都安排妥当，不久和周敦颐的母亲相继去世。周敦颐是道州营道县（今湖南道县）人，母亲却随舅舅葬在润州，周敦颐也在当地鹤林寺中守制读书。当时十七岁的王安石跟着父亲在江宁（今江苏南京）读书，他这时拜谒周敦颐遭拒的故事恐怕只是后人的附会。

1040年至1061年的二十年间，周敦颐宦游各地，从县主簿做到通判。1061年至1071年的十年间，周敦颐从通判做到知军州，这时王安石已官拜宰相了。对于没有进士出身的官员来说，知军州级别就是天花板，周敦颐的任职地局限在赣、湘、渝、粤等宋朝的偏远地带，与贵重或繁华的京畿、东南地区几乎绝缘。

宋朝官场上没有进士出身，好比混迹学界没有博士学位，注定要被边缘化。这种情况下人最好有些特殊爱好，既能填补内心空虚，又便于构建自我认同。能写出《爱莲说》的周敦颐既洒落又孤高，平时喜欢思考宇宙、生命之类的终极问题，这让他显得很独特，有时会刺激到别人，但他的与众不同也具备了一种特别的吸引力，比如北宋两大思想家程颐与王安石都深受周敦颐的影响。但周敦颐地位太低，程颐、王安石忙着构建自己的思想体系，不会在著作的前言和后记里提及周敦颐这个名字，遑论夸周敦颐认作自己的授业之师了。

话说"华夏民族之文化，历数千载之演进，造极于赵宋之世"。在范仲淹、欧阳修、王安石、苏轼这些名字构成的璀璨星空中，周敦颐并不引人注目。一百年后，周敦颐成为夜空中最亮的星，完全是因为朱熹孤独的心底需要亮光。不过在朱熹以前，周敦颐已经从十八线明星升格为三线明星，主要推手是他的两个儿子，他们竟然跟程颐的冤家——大文豪苏轼、黄庭坚有一段"亲如兄弟"的友谊。怪不得程颐对少年时代的启蒙老师如此不恭敬，朱熹完全不顾理学祖师爷的感受，非得给程颐安一个业师周敦颐——只能说理学思想史也很戏剧化。

四、茂叔有子，良不诬也

庆历四年（1044），范仲淹主持新政之时，在偏远的南安军（今江西大余），两位没有科举功名的地方官相遇了。一位是程颢、程颐兄弟的父亲程珦，他知兴国县，又兼任南安军通判，另一位就是南安军司理参军周敦颐。程珦年长周敦颐十岁，又算是上司，便让周敦颐经常辅导一下两个儿子的功课。周敦颐见程珦也没考过进士，倒有几分自信，便常带着少年二程，说一些颜子安贫乐道、孔子也没考过科举之类的话。结果程颐深受影响，果然没考上进士。后来给哥哥程颢写行状，程颐说哥哥"自十五六时，闻汝南周茂叔论道，遂厌科举之业，慨然有求道之志"。其实他哥哥是考中进士的，程颐说这种话，只想说明自己少有大志。他对周敦颐从不称"先生"，直呼平辈间的表字"茂叔"，有时还蔑称为"狱掾""穷禅客"，总之不认这个老师。

离开南安军之后，周敦颐与程珦一直保持着联系，程颐也不可能把周敦颐遗忘。既深受影响，又出言不逊，给后来的朱熹出了道难题。当然这其中的原因很复杂。周敦颐辞官归隐时，原来参与变法的程颢与王安石闹僵。周敦颐去世时，二程兄弟是洛阳反对派中的中坚力量。更严重的是，宋神宗去世，洛阳的反对派领袖司马光当权，程颐当了新皇帝宋哲宗的老师，苏轼回到朝中当了翰林学士。结果司马光刚去世，程颐就跟苏轼闹翻，苏轼与周敦颐的共同朋友孔文仲弹劾程颐，程颐回到洛阳，不久苏轼也离开京城来到杭州。

苏轼再次到杭州任职是元祐四年（1089），这时周敦颐的儿子周焘也在杭州，两人一起游玩，"亲如兄弟，倡酬诗甚多，著有《爱莲堂诗文集》，人称茂叔有子，良不诬也"。这些话大致属实，不过包括吾妻重二在内的不少人认为，周焘当时在杭州的职务是两浙转运使，这绝无可能。周焘是周敦颐的第二个儿子，续弦蒲氏嘉祐七年（1062）所生。苏轼知杭时周焘年不过三十，刚刚考中进士，绝无可能担任转运使这样的方面大员。周焘在杭州经常与苏轼一起拜访辩才和尚，元祐八年（1093）还写过一篇《普向院多宝佛塔记》，追述在杭州的快乐时光。当时周焘的职务是知贵池县（今安徽池州），那么他在杭州的职务就不可能高于知县，很可能是杭州属县的县尉、主簿一类。然而正是通过其子周寿、周焘，周敦颐确立了在苏轼朋友圈中的地位。苏轼写过《故周茂叔先生濂溪》，说"先生岂我辈，造物乃其徒"，以至《宋元学案》认为苏轼是周敦颐的私淑弟子。周寿则是苏门学士黄庭坚的好朋友，所以黄庭坚在《濂溪词并序》中赞美周敦颐"人品甚高，胸怀洒落，如光风霁月"。至于程颐，他创立的理学（洛学）在当时还不能跟荆公新学或苏学（蜀学）抗衡，虽然看不上周敦颐，周寿、周焘兄弟却也可以完全无视程颐的存在。

五、爱莲池及刘凝之墓志铭

淳熙六年（1179）三月三十日，朱熹抵达星子县，任知南康军。到任第一件事，是寻访陶潜、刘凝之、周敦颐"诸公遗迹"，然后建周敦颐祠，请湖湘学派代表人物张栻撰写祠记。张栻毫不含糊地将周敦颐推到道学宗主的地位，说"惟先生崛起千载之后，独得微旨于残编断简之中，推本太极，以及乎阴阳五行之流布"，并称二程"推而极之"，将周敦颐的思想发扬光大。周、程授受的观点，朱熹也极力主张，他说"惟濂溪夫子之学，性诸天，诚诸己，而合乎前圣授受之统。又得河南二程先生以传之，而其流遂及于天

爱莲池

下"。这种说法一经面世即遭质疑，朱熹有位从表叔认为这是歪曲事实，反复给他写信驳斥这种论调。但朱熹不管不顾，既然有机会来到周敦颐曾经任职的南康军，正好趁机收集修订周敦颐的遗著。他收集到《太极图说》《通书》的杨方九江故家传本，与其他版本校定之后，将全文刻在南康军学。听闻朱熹如此用心，周敦颐的曾孙周直卿也来拜访，并将周敦颐的墨宝《爱莲说》及刻本《拙赋》赠予朱熹。朱熹非常激动，将署衙后圃临池亭首命名为"爱莲馆"，将周敦颐亲书的《爱莲说》刻于馆壁，并赋诗《爱莲池》："闻道根移玉井旁，花开十丈是寻常。月明露冷无人见，独为先生引兴长。"

　　周敦颐的《爱莲说》作于何时何地，早已众说纷纭，不可细考，星子县爱莲池只是其中一说。现在庐山市紫阳南街"周瑜点将台"东侧的爱莲池景区，与朱熹当年刻石的爱莲馆不知有何关联。所谓的周瑜点将台更像明清时期的军门楼，爱莲池景区重建的临池建筑则称为爱莲轩。在点将台城楼上，我们不经意间发现真正的宋代文物，就是朱熹推崇的刘凝之及其夫人的墓志铭。

　　凝之是刘涣的表字，他是欧阳修的同年进士，五十岁时辞官归隐，"学士大夫争为咏叹以饯之"。刘涣享年八十一岁，"居庐山三十余年，环堵萧然，饘粥以为食，而游心尘垢之外，超然无戚戚意"。这样的追求在理学家看来是圣人之道，因此朱熹又为刘涣父子（其子刘恕，《资治通鉴》编者之一）立祠奉祀，还在"城西门外草棘中"寻访刘涣陵墓，又建"壮节亭"护墓。1980年秋，当地彭姓农民为县砖瓦厂做土方，在蔡家岭下掘出刘凝之及妻钱氏的墓志铭，连同篆盖四石分别藏于彭、蔡、胡三家中。彭世忠将发现墓志的消息告知当地文史研究者，经鉴定后又联系县文物站予以收购。后来星子县并入庐山市，县文物站撤销。不知何时这两块墓志被安置在点将台上，便有了我们与刘凝之的这次邂逅。

安置在点将台城楼上的刘凝之墓志铭

相关事件年表

1076　王安石第二次罢相。

1077　诏以欧阳修撰新《五代史》藏秘阁。

1078　谋攻西夏、复燕云。

1079　乌台诗案，苏轼入狱，贬黄州团练副使。

1080　宋改官制。

何处觅荆公：莆田木兰陂

因为之前我已经去过泉州，所以莆田寻宋我与老沈分头进行。

2017年9月29日，我们一家三口在福州鼓山寻访宋代摩崖，鼓山宋代摩崖石刻据说有109种，其中有蔡襄与朱熹的题刻。此时宋代木构华林寺正在维修，只能在门口留影而别。福州的濂江书院也是神奇的地方，据说曾经是宋端宗赵昰的行宫，我们也专程前往参观。

30日莆田寻宋，我们寻访的目标先是南山广化寺的宋代佛塔与经幢，然后是木兰陂。此外还有元妙观三清殿，那里有宋徽宗的《神霄玉清万寿宫诏》碑，以及湄洲岛妈祖祖庙，那里的海鲜可真不错。第三天我们又往仙游县寻宋，目标包括天中万寿塔与蔡襄陵园。据说泉州的洛阳桥就是蔡襄主持修建，木兰陂曾经借鉴洛阳桥的工程技术。

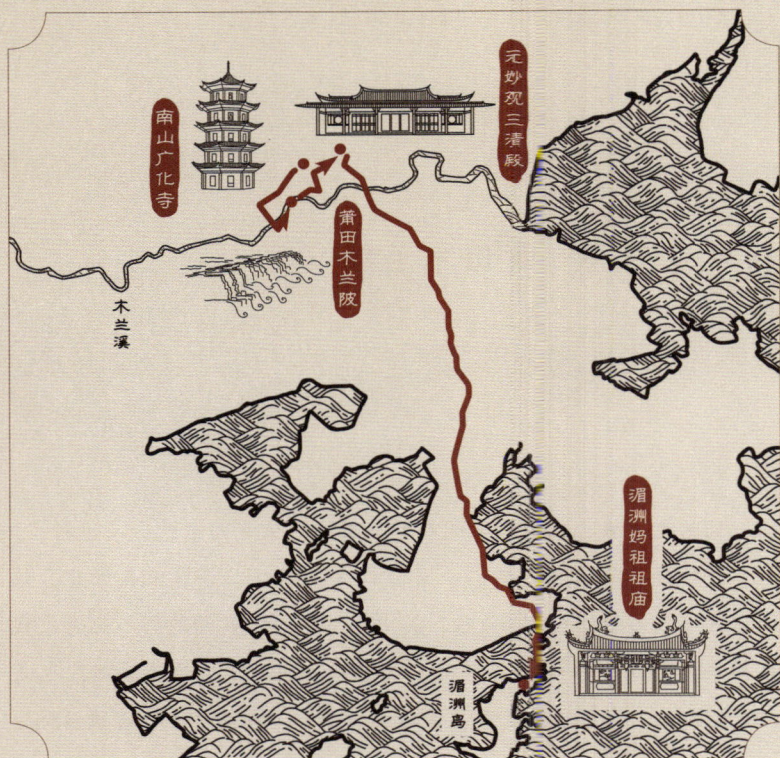

南山广化寺

元妙观三清殿

莆田木兰陂

木兰溪

湄洲妈祖祖庙

湄洲岛

莆田行程：南山广化寺、莆田木兰陂、元妙观三清殿、湄洲妈祖祖庙

一、王安石的墓

元祐元年（1086）闰二月，司马光拜相，新法废除殆尽。两个月后，王安石在江宁（今江苏南京）去世，葬于蒋山（今江苏南京钟山）"东三里"。王安石去世前，一生奋斗的变法事业几乎尽毁，爱子王雱更先他而去。他将半山园的宅第与上元县（在今南京江宁区）的田产捐给寺院，拖着老病之躯在城中赁屋而居，灰冷出世的心情可想而知。王安石去世后，司马光认为朝廷仍应礼遇这位他多年前的好友，于是朝廷赠王安石太傅的官职，制书由苏轼撰写。但政治风向已变，有人请朝廷赐王安石恶谥。虽然也有人吊唁、祭奠或撰诗文纪念王安石，但避讳者更多，时称"今日江湖从学者，人人讳道是门生"，"门前无爵罢张罗，玄酒生刍亦不多"。

王安石字介甫，因封荆国公而称荆公，原籍抚州临川（今江西抚州）。他的父亲王益1039年卒于通判江宁任上，1050年葬于当地牛首山（将军山）。2009年9月王安石父、兄的薄葬墓在别墅施工中被意外发现，墓志也随之出土。出土的王益墓志作者是孙侔，但曾巩的文集中也有王益墓志。王安石曾先后请曾巩、孙侔为父亲撰写墓志，他的文集中还保留着给孙侔的书信，信中交代了王安石对曾巩所撰王益墓志的不满、请孙侔重写的缘由。

王安石将父亲葬于江宁，从此定居于斯，去世后与弟安国、子雱葬于蒋山。今天南京紫金山有明孝陵、中山陵、孙权墓等，王安石墓早已无处寻觅。王安石去世后，没有留下墓志铭、神道碑之类的资料，葬地具体位置难以确认。"王荆公墓在建康蒋山东三里"的说法出自南宋人周煇的《清波杂志》，另有周必大的游记可以佐证。明代沈德符的《万历野获编》记载，正德四年（1509），南京太监石岩为自己营建寿穴，"苦乏大砖"，听说近处古墓之砖"奇大"，便掘墓砖充用，结果挖到一块石碑，"视其碣乃介甫也"。江西东乡县等地的王氏族谱声称，因为朱元璋的旨意，王安石迁葬于金溪县月塘村，即王安石祖父的归葬处，太监石岩所掘是迁葬后的空墓。嘉靖二十五年（1546），临川知县应云鸑刻印《临川先生文集》时，很想在墓前祭拜王安石，结果没找着王安石墓，想必当时还没有金溪县的所谓王安石墓。至于民国时期有人称在南京麒麟门发现王安石墓，只能是南京人民的一种情怀吧。

无论如何，今天已无王安石墓冢可寻。

二、王安石的祠

历史上，江西抚州与浙江鄞县都有王安石祠庙。

天禧五年（1021），王安石的父亲王益任临江军（今江西樟树临江镇）判官，十一月十三日，王安石出生于父亲的任所，后人称之"维崧堂"。明清时期清江县志均有"维崧堂"的记载，今天临江镇最壮观的古建筑县前街大观楼，即宋代以来临江军、路、府署的谯楼，维崧楼的名字仅在当地旅游规划中偶有再现。

王安石十余岁时，曾在临川县盐埠岭（今江西抚州临川区荆公路邓家巷3号）的祖居住过几年。当时祖父王用之云世，王安石随父丁忧。王安石去世后，新法在哲宗、徽宗亲政时得以恢复，政和三年（1113）王安石被追封为舒王。在此之前的崇宁五年（1106），知抚州田登将王安石故居改为祠堂，宣和年间重建，南宋绍兴年间修了一次。淳熙十五年（1188）知州钱象祖再次重建，并请陆九渊撰写记文，即《荆国王文公祠堂记》。这篇著名记文毫不吝啬对王安石的赞美，大意是说王安石超凡脱俗、冰清玉洁、优入圣域、光彩熙人。此后至1936年最后一次重建，王安石祠时兴时废。1942年，祠堂被日军飞机炸毁，1963年被彻底毁除，仅剩石匾半块（有"荆国"二字）。2018年11月，抚州市规划重建祠堂，以迎接王安石千年诞辰。因此在今天的抚州市，荆公遗迹也无从寻觅，除了1986年修建的竖有3米多高塑像的王安石纪念馆。

最早的王安石祠堂出现在熙宁变法之前。庆历七年（1047）至皇祐二年（1050），王安石知鄞县，修水利，兴学校，做了很多实事。嘉祐六年（1061），王安石在京任官，鄞县"乡民父老思之"，知明州钱公辅在广利寺（即阿育王寺）为王安石"立生祠图像，以顺鄞人之心焉"。清乾隆年间该祠尚存，光绪年间已废，今无迹可寻。

现在浙江工商大学任教的姜勇博士为编撰《王安石鄞县图鉴》，曾实地考察了王安石知鄞县时的"经游之地""兴造之迹"和"邑人之思"。"邑人之思"指鄞县人民对王安石的纪念，除广利寺外，鄞县另有六处王安石祠庙。姜勇认为，文献记载魏家巷东的王安石祠也是钱公辅所建，明末清初演变为民间俗称的"实圣庙"。实圣庙毁于雍正年间，据袁枚记载，当时的浙江督抚李卫"闻鄞县有王安石祠，大怒，严檄毁烧"。实圣庙后来又有重建，民国时曾用作慈善机构，新中国成立后仍存于开明街，近年城市改造，旧址已不复见。王安石去世后，鄞县又建经纶阁奉祀王安石，也是时兴时废，屡次迁址，民国时期经纶阁划归县东镇镇公所，今旧址不存。

除以上三种官立祠庙，又有民间王安石祠庙四种。一是紫石庙，在王安石所修穿山碶附近，因在紫石山下而得名，现紫石村重建新庙，庙内设王安石纪念馆，并祭祀修建穿山碶时牺牲的两位水师。二是福应庙，在宁波东钱湖东畔菊岛内，沿湖居民为纪念王安石兴修东钱湖水利而建，创建时间不详，或在南宋，现在所见则是1996年当地民众另修。三是灵佑庙，在东钱湖镇下水呑绿野村西，始于清代，20世纪60年代曾重修，现建筑损毁严重，有待修缮。四是忠应庙，在东钱湖镇下水村，始于清代，民国时仍有庙会活动，曾被改为食堂、仓库、工厂、牛舍。1986年忠应庙重建为四合院建筑，沙孟海题匾"王安石纪念馆"，有王安石画像及彩塑等。这几处民间祠庙比官方所建祠庙更有生命力，今天宁波市政府兴建的王安石纪念场所，则有东钱湖西岩湖滨西路的王安石公园，以及穿山碶的王安石纪念亭。

除了鄞县，王安石也曾在扬州、舒州（今安徽安庆）、常州等地任官。王安石通判舒州时曾有诗题于寺壁，今无存。安庆天柱山景区众多摩崖中，偶有后人题刻王安石诗句。常州倒有半山亭，原在县衙前惠民桥西北埠码头，现亭已拆，1989年又另建于红梅公园。

三、半山园

范仲淹的岳阳楼，韩琦的昼锦堂，欧阳修的醉翁亭，王安石的半山园，都有特定的文学意境。半山园本是金陵城外称为"白塘"的荒地，王安石购得后营建园林，以为归老隐居之计，"老来厌世

鄞县忠应庙

鄞县忠应庙沙孟海题廊

语，深卧塞门窦"（《示元度》）。半山园附近有一土墩，传说东晋谢安与王羲之曾经在此登眺，王安石因此有诗"我名公字偶相同，我屋公墩在眼中"（《谢安墩》）。当然，半山园的意境主要定格于王安石骑驴进钟山的落拓身影，正所谓"天厩赐驹龙化去，空余小蹇载闲身"（《马毙》）。

今天南京市有称为半山园的王安石故居。这是1984年由海军指挥学院修建的纪念性建筑，现有三进宅院及半山亭。王安石在一场病后，将半山宅园捐舍建寺，宋神宗赐额"报宁禅寺"，俗称"半山寺"。明初修筑南京城墙，半山寺圈入城内，后遭废弃。清道光年间两江总督陶澍一度重建半山寺及半山亭，咸丰年间又毁于兵火。同治时再次重建，直到民国时期改为半山园小学，1949年后则划归海军指挥学院。海军指挥学院属于军事重地，2019年3月我往南京大学参会，曾向人询问半山园是否开放，但终究未能成行。

虽然无缘半山园，在南京开会时，周扬波教授相约往定林山庄一游。定林山庄现在明孝陵景区内，游览此地需购70元的陵园门票。如今这里被改建为刘勰与《文心雕龙》纪念馆，但据考证，与刘勰有关的定林寺或在钟山的另一处。1975年曾在此处发现陆游的摩崖题刻"乾道乙酉七月四日笠泽陆务观冒大雨独游定林"，因此确定为宋代定林庵遗址。王安石居半山园时，常往钟山游览，倦时在定林庵休息，还在庵内建书房"昭文斋"。今天定林山庄废弃的游客服务部有米芾体的"昭文斋"匾额，山庄内也有王安石诗碑，第一进大厅楹联则是王安石的《游钟山》诗："终日看山不厌山，买山终待老山间。山花落尽山长在，山水空流山自闲。"可惜心心念念的陆游摩崖无处可寻，我与周教授浮游半日，在六朝北郊坛遗址休憩时，聊起在浙大念研究生的岁月、湖州寻宋以及后来调动工作的种种往事，别有一番滋味。

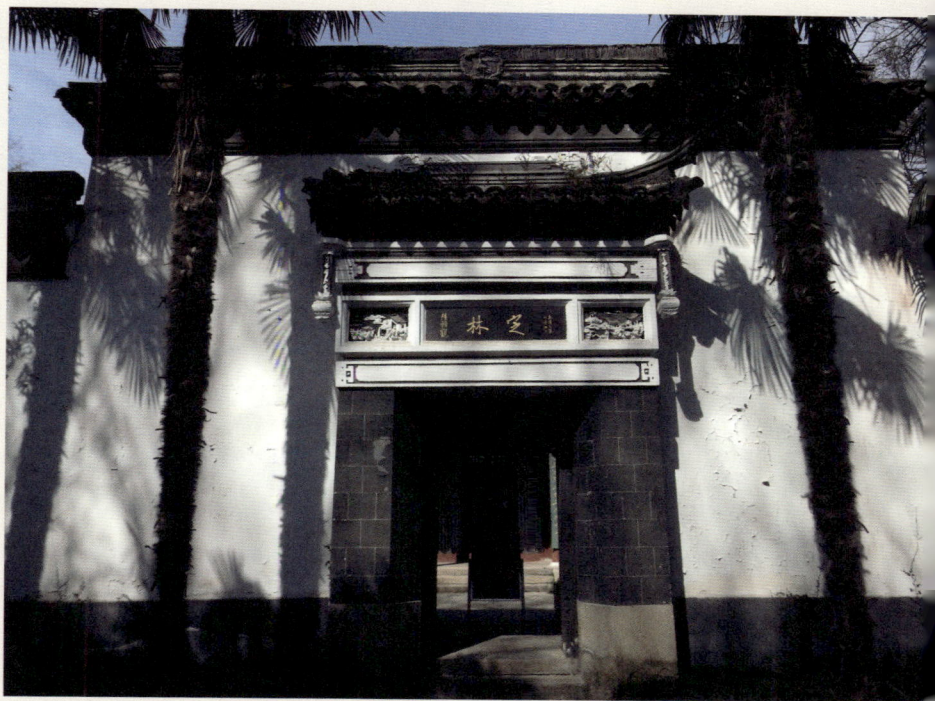

南京定林山庄（定林寺遗址）

四、木兰陂与熙宁桥

熙宁变法，除最受争议的青苗法、募役法外，又有农田水利法，号称影响巨大，"自是四方争言农田水利，古陂废堰，悉务兴复"。王安石执政期间，全国兴修或修复农田水利10793处，溉田361178顷，当时水利设施理应遍布全国。今天可以寻访到的熙宁年间兴修的水利工程，当数福建莆田木兰溪木兰陂最为壮观。

唐代以前，今天莆田的兴化平原还是一片海湾。在河海冲击与人工围垦的共同作用下，唐宋时期，这里逐渐形成了福建省内第三大平原，但深受洪涝、干旱、潮灾之害。宋代以来，当地民众不断尝试兴修水利，形成了可观的规模。木兰陂规模宏大，由陂首枢纽、沟渠、堤防三部分组成，具有排水、蓄水、引水、挡水、灌溉等综合功能。修建时，先开挖水道，引水入流，上下筑坝，排空积水，在溪水、海水交汇处再挖掘一丈，垒巨石为基础，其上构建石梁，竖石柱，分三十二门（后存二十九门）——这就是陂首的"溢流堰闸"。堰闸两岸筑护陂长堤，长200余米，又建南、北进水闸一座，分别接引水渠，灌溉木兰溪两岸兴化平原。

木兰陂修成于熙宁八年（1075）至元丰六年（1083）间，陂顶铺条石，行走其间，观赏湍急水流，深感水利工程的磅礴气势才是熙宁变法的终极遗存。不过木兰陂并非王安石主持修建的工程，亦非官府投资兴建，而是当地民众才智勤勇的结晶。最早在木兰溪主持筑陂的是一位女子，长乐（今福建福州长乐区）人钱四娘。治平元年（1064），钱四娘携"金大如斗"，在木兰溪将军岩筑陂，陂体被"怒涛冲坏"，钱四娘愤而投水。后来莆田民众建香山宫纪念钱四娘，四娘的传说至今流传不绝。此后同乡林从世感念钱四娘的事迹，耗资十万缗在木兰溪下游重筑陂体，因过于接近入海口，

木兰陂

木兰陂溢流堰闸

海水倒灌而毁。

在钱四娘、林从世之后，才有熙宁年间侯官人李宏筑木兰陂的壮举。李宏的成功，一是吸取教训，在林从世废陂稍上重建，选址合理。二是得到莆田大户资金上的大力支持。李宏家族虽"世雄于财"，仍无力独自承担建陂的巨额支出，幸得莆田大户十四家出资七十万缗完成壮举。三是采用了当时先进的"筏型基础"技术，即在江底抛掷大量石块筑成相当宽的江底矮石堤作为建陂基础，木兰陂基础宽达三十五尺（约10米）。据说最早采用这种技术的是皇祐五年（1053）始建的泉州万安桥（洛阳桥），蔡襄曾在《万安渡石桥记》中记述这种"累趾于渊"的工程。

木兰陂的建成与熙宁变法又有何关联呢？当地文献记载，徽宗时代的宰相蔡京、蔡卞兄弟是福建莆田人，熙宁年间也在朝中为官，"念梓里之横流"，请求宋神宗"下诏募筑陂者"，李宏欣然应诏。问题是木兰陂在熙宁八年（1075）已经开工，蔡京熙宁九年（1076）才到中央任职，之前只是一名地方小官，对朝廷并无影响力。熙宁二年（1069）颁行的农田水利法又称"农田利害条约"，内容除了要求地方政府资助、领导兴修水利之外，也通过奖励刺激民间力量参与，"诸色人能出财力、纠众户、创修兴复农田水利，经久便民，当议随功利多少酬奖。其出财颇多、兴利至大者，即量才录用"。李宏及十四大户应该是受此鼓励，是否获"量才录用"则不得而知。今天木兰陂上游7公里处公路桥下藏着一座宋代石桥，名"熙宁桥"，据说是木兰陂受益民众为纪念熙宁农田水利法而兴建。

木兰陂与熙宁变法更直接的关系体现在元丰年间形成的陂田制度，这也可以理解为朝廷承诺奖励民间兴修水利的兑现。木兰陂的修建过程中，知兴化军谢履就向朝廷报告并请求将修垦塘田赐给

木兰溪卫星图

泉州洛阳桥

洛阳桥碑刻

十四大户。结果宋神宗拨四百九十亩免赋塘曰作为木兰陂的维护基金，保证了木兰陂的长期有效运作。

　　农田水利法与其说是伟大人物的伟大构想，不如说是顺应民众切身需求而大获成功的务实改革。荆公晚境凄凉，若知人间尚有木兰陂，庶无憾乎！

——— 相关事件年表 ———

1081 宋夏战争。

1082 宋改官制。永乐城陷，赵顼深悔用兵。

1083 西夏请和。

1084 司马光修成《资治通鉴》。

1085 赵顼去世，赵煦（宋哲宗）继位，太皇太后高氏听政，
     司马光拜相，废新法。

1086 罢免役法、青苗法。王安石去世，司马光去世。

士大夫政治消亡史：登封嵩阳书院

　　前一阵有学者在讨论中国为什么叫"中国"的问题。其实，世界文化遗产、国家5A级景区嵩山的口号就是"天下之中"。中国早期的国家及文明集中出现在嵩山周边，包括景区内的王城岗遗址、阳城遗址，偃师的二里头遗址，郑州与偃师的商城遗址，以及洛阳的成周遗址、东周王城遗址。所以司马迁说："昔三代之君皆在河洛之间，故嵩高为中岳。"从某种意义上讲，中国古代几大都城，西安是西境的统治基地（周、西汉、隋、唐），北京属于北方的政治中心（辽、金、元、明、清），南京是南境国都（东晋、孙吴、南朝、明），河洛一带才称得上"中国"。这么说来，秦以后真正属于"中国"的王朝，竟是东汉、曹魏、西晋、北魏与北宋。

河南是北宋的政治核心区，河南寻宋四站——登封、巩义、开封、封丘，都是不得不写的题目。登封在北宋属二西京洛阳，如果说北宋政治文化就是文彦博所谓的"与士大夫治天下"，那么洛阳就是士大夫的政治文化中心，二程兄弟在这里开创的理学称为"洛学"，司马光在这里编写完成《资治通鉴》。不迟，嵩洛文化史的辉煌似乎至此而止……

初祖庵

塔林

少室阙

会善寺

嵩岳寺塔

嵩山

崇福宫

嵩阳书院

启母阙

太室阙

中岳庙

观星台

嵩山古建分布：初祖庵、塔林、会善寺、嵩阳书院、崇福宫、中岳庙

一、崇福宫

北宋朝廷内部一直有迁都洛阳的声音，要不是太宗的阻挠，太祖早就迁了。洛阳距开封不过120公里，离嵩山北麓的巩义皇陵仅50公里。景德四年（1007），泰山封禅的前一年，宋真宗也曾出京活动，他先拜谒巩义皇陵，然后巡游洛阳及龙门石窟。回京后不久，三十二岁的郭皇后去世。再过六年（1013），真宗立刘娥为皇后。1018年宋真宗病重，宰辅大臣寇准、丁谓、王钦若以及刘皇后玩起了权力游戏。最终的胜利属于皇后，于是刘娥拿出私房钱，重修了嵩山的崇福宫。崇福宫就是汉代的万岁观，因为汉武帝游嵩山时听到"山呼万岁"而建，唐代更名为太乙观。刘皇后这次"葺而治之"的原因不详，似乎是要新修一座会元殿以供奉"后土元天大圣后之像"。不过这位善于权谋的女性，应该很了解696年武则天封禅嵩山，改年号为"万岁登封"，改嵩阳县为登封县的那段历史。

宋仁宗时，崇福宫供奉宋真宗与刘皇后的神御（肖像），管理崇福宫的一些士大夫，又建泛觞亭、弈棋亭、樗蒲亭等。宋徽宗

崇福宫山门

时，崇福宫迎来了辉煌时期。宋徽宗的母亲陈氏本是宋神宗时的宫女，曾拜托宦官往崇福宫会元殿求子，结果生下了赵佶。后来被追封为钦慈皇后的陈氏从没想过赵佶有朝一日能入承大统。或许害怕残酷的宫斗，或许出于真爱，丈夫赵顼去世后，陈氏坚持守陵，还说"得早侍先帝，愿足矣"，结果暴瘦成"毁瘠骨立"，三十二岁便去世。宋徽宗后来自称是神仙下凡，或许就是联想到母亲在崇福宫求子的经历。他大肆重修崇福宫，"黄金之饰，瑰丽之器，皆尚方所作"，并亲自撰写了一篇《西京崇福宫记》。

2015年7月，我与老沈来到崇福宫，宫内农田里的玉米正值抽雄，土鸡啄食于古碑之间，一派农家庄园的景象。不过这时的崇福宫已经经过整饬，再早几年，这里可以看到"大殿失修，碑石仆地"，"一排排猪圈，一间间鸡舍，散发着恶臭，流淌着污水"的境况。20世纪80年代，崇福宫划归登封畜牧局，成了畜牧、养殖的场所，可以想象当时的脏乱破败。后来因为拖欠农行贷款，畜牧局又将崇福宫抵押给银行。直到2007年，崇福宫方交还文物部门管理，得到重修。2019年，崇福宫被列入第八批国家重点文物保护单位名单。

　　崇福宫进入宋代政治史的视野，不是因为刘、陈两位皇后，而是王安石变法时，把大量被他赶出京城的高官安置在崇福宫，其中包括宋神宗去世后尽废新法的司马光。宋代有"祠禄之官"，就是那些没有合适职位安排的高级官员，以管理（管勾、提点、提举）宫观的名义领取一份俸禄。王安石"欲以此处异议者"，索性取消了名额限制，在杭州洞霄宫等十余处宫观增设祠禄官。从京师退闲的高官们特别乐意在西京洛阳营造园圃、组织耆老会，"西京留守"与"提举崇福宫"便成了安置这些人最常用的头衔。

崇福宫内的玉皇殿及玉米地

崇福宫内的古碑

二、嵩阳书院

1019年，司马光出生于父亲司马池知光山县（今河南信阳）官舍，2019年是他诞辰一千周年。司马光十三岁时以父荫补官，二十岁时考中进士，不久母亲与父亲相继去世。服满后司马光追随庞籍，很快在京任职，三十三岁时任史馆检讨、集贤校理等职，又经数年游宦，四十岁以后回京长期担任谏官。宋仁宗没有兄弟子侄，只好让堂侄赵曙（宋英宗）继位。赵曙在位仅五年，这一时期司马光做了两件大事，一是在濮议之争中代表谏官集团与韩琦、欧阳修等宰执大臣展开辩论，抵制赵曙追崇生父的计划；二是开始修撰后来称为《资治通鉴》的大型史书。

司马光在治平元年（1064）写了一部《历年图》，就是历代大事年表或者说是《资治通鉴》编纂提纲，然后主要依据《史记》，于1066年编成《周纪》《秦纪》，即后来《资治通鉴》的前八卷。他的编撰工作受到宋英宗及宋神宗的大力支持。历经近二十年艰辛，全书294卷于元丰七年（1084）修成上呈，元祐元年（1086）获准在杭州刻版，再过六年（1092）版成印行。

《资治通鉴》是司马光在不同阶段撰写的。写完《周纪》《秦纪》时司马光的职务是"权御史丞"，写《汉纪》《魏纪》时是"知制诰"，写《晋纪》时已变成"权判西京留司御史台"以及"提举西京嵩山崇福宫"。最后一个职衔至整部《资治通鉴》大功告成时仍在使用。也就是说，东晋以来的六百余年历臾、《资治通鉴》将近三分之二的篇幅，司马光是以道观管理人员的身份写成的。

司马光与王安石原来是好朋友，但政见不同，司马光坚决抵制王安石的变法。与王安石闹翻后，司马光一度被任命为知永兴军（今陕西西安）。但地方官也要执行朝廷的变法政策，司马光难以接受，没两个月就打辞职报告，说要去洛阳专心修史书。僵持了两个多月，朝廷接受了司马光的请求。洛阳人文荟萃，故老咸集，司马光先参加西京留守文彦博主持的"耆老会"，自己又组织"真率会"。洛阳名贤毕至，理学家邵雍、二程，名臣范镇、范纯仁、韩维，当时都在洛阳，司马光与他们过从甚密。洛阳周边名胜繁多，又是全国的学术中心，司马光在洛阳建了"独乐园"，又在附近买了两处山庄，一住就是十五年，在这里完成了大量学术著作。洛阳离他的老家夏县（今属山西运城）不远，司马光在家乡也建了一座独乐园，每到秋冬，便回夏县看望兄长司马旦并整理父亲司马池的遗作。

熙宁八年（1075），"提举西京嵩山崇福宫"成为司马光的职

衔。嵩山当时归洛阳管辖，两地相距不过百里，司马光不必真的去
道观做管理工作，但曾多次与人结伴往嵩山游览。嵩阳南麓逍遥谷
石溪（嵩阳书院东溪）"光风霁月其襟怀"刻石旁，据说是司马光
的别馆旧址，号称"叠石溪庄"。元丰元年（1078），也就是王安
石罢相之后，司马光与范镇有一次嵩山之游，在当时广为人知，邵
雍之子邵伯温的《邵氏闻见录》以及王辟之的《渑水燕谈录》对此
事均有记载。司马光与范镇骑马从洛阳出发，经过韩国故都宜阳，
然后至登封，在峻极下院休息后攀登峻极峰，接着下山游览嵩阳书
院、崇福宫与紫极宫。另有一次，司马光与兄长司马旦以及程颐一

嵩阳书院

起游览峻极院，还在檐壁题诗"一团茅草乱蓬蓬，蓦地烧天蓦地空。争似满炉煨榾柮，慢腾腾地暖烘烘"。

"慢腾腾地暖烘烘"似乎表现了宋神宗时代屏洛的政治异议分子们从长计议的心态，但元祐元年司马光回朝后尽废新法，更像是"蓦地烧天蓦地空"的冲动之举，真正在嵩山积蓄能量，建立不朽事业，似乎是二程'洛学'的开创。熙宁年间，二程的父亲程珦"厌于职事，丐就闲局，管勾西京嵩山崇福宫"，哲宗朝程颐也曾担任此职，一般认为二程在嵩阳书院的活动主要集中在这一时期，这是洛学兴起的标志性事件。司马光、邵雍、张载等重要学者或许也在嵩阳书院讲学，可惜相关记载少之又少。

嵩阳书院宋代时号称四大书院之一，金时改为承天宫，元时为嵩阳宫，直到明代中期才重建书院并奉祀二程，近代废科举之后，改建为登封县师范传习所及嵩阳高等小学堂，1942年又建中岳中学。新中国成立后，嵩阳书院仍长期为教育机构占用。1963年嵩阳书院被公布为河南省第一批省级重点文物保护单位，1980年开始搬迁学校及居民，恢复古代书院建筑群并对外开放，文物恢复与保护工作至20世纪末仍在持续。

嵩阳书院曾经是北魏的佛寺、隋唐的道观。晚唐五代，儒学衰微，有志之士隐居寺观传续绝学，嵩阳观也有进士、道士聚课生徒。后周世宗于显德二年（955）将嵩阳观改为太乙书院，宋太宗时又改为太室书院，宋仁宗时才改称嵩阳书院。二程在此讲学之前，这里培养过吕蒙正、钱若水、陈尧佐、滕子京等名臣。嵩阳书院内现存的宋代文物，只有讲堂西壁的《元始天尊说北方真武妙经》石碣，西碑廊的文潞公（文彦博）游嵩阳书院碑、黄庭坚诗书碑等。其中《元始天尊说北方真武妙经》石碣刻于元符二年（1099），画者武宗孟、书丹宋溥及刻碑张士宁都是当时的名家。

《元始天尊说北方真武妙经》石碣

三、中岳庙与初祖庵

　　游览嵩阳书院，令人心动处并非二程讲学的陈迹，而是比嵩阳书院历史更为悠久的汉代将军柏、东魏"嵩阳寺造像碑"以及"大唐嵩阳观纪圣德感应之颂碑"。传说二千三百年前（前110）汉武帝游嵩岳，见三株柏树高大茂盛，前所未见，遂封"将军柏"。现存大将军柏高12米，圆5.4米，二将军柏高达18米，围近13米，树干下部糟朽洞穿，却生机旺盛，虬枝挺拔。明崇祯年间，三株将军柏还被线描刻石。1958年专家测定，将军柏树龄有四五千年，可谓整部中华文明史的时间刻度。

二将军柏

汉武帝后六百年，北魏孝文帝统治时期，佛、道两教并兴，484年嵩阳寺创建，现存"嵩阳寺伦统碑"雕造于东魏天平二年（535）。该碑阳面碑首六龙盘绕，碑额两行六字篆书，碑身上层是一佛二菩萨及弟子、力士、飞天等雕像，中层只剩下沿一排七尊坐佛，其余被凿毁，下层为《中岳嵩阳寺碑铭序》。阴面碑额雕一佛二胁侍，碑身十二排共九十四佛龛，各龛均刻佛名。该碑原在嵩阳寺，隋大业时改嵩阳寺为嵩阳观，唐高宗建奉天宫时将碑移入会善寺，2003年又迁回嵩阳书院，并将碑阴置于正面。

唐高宗迁碑后八十年，安史之乱之前十一年（744），唐玄宗又立"大唐嵩阳观纪圣德感应之颂碑"。该碑现今立于嵩阳书院大门西，由基座、碑身、碑额、云盘、碑脊五层雕石组成，高9米，重80多吨，为河南最大的石碑。碑文由裴迥篆额，李林甫撰文，徐浩八分隶书，记述李隆基为寻求长生不老之术，命道士孙太冲在

嵩阳寺伦统碑

嵩阳寺伦统碑碑首

大唐嵩阳观纪圣德感应之颂碑

嵩阳观等地炼丹之事。碑阴碑侧多有后人游览嵩阳书院的题名，题名者包括北宋熙宁年间的张琬及宣和年间卢汉杰等。

嵩山因崇福宫与嵩阳书院而进入北宋政治文化史的视野，又因少林寺而深入世俗人心，但这都不是嵩山人文史的关键环节。象征着地理意义上的"中国"，标识中华文明的悠远延绵，体现三教融汇的文化传统，才是嵩山无与伦比的三重文化意义。今天被列为世界文化遗产的嵩山八处十一项历史建筑，分别为太室阙与中岳庙、少室阙、启母阙、嵩岳寺塔、少林寺建筑群（常住院、初祖庵、塔林）、会善寺、嵩阳书院、观星台，其中多为汉魏胜迹，也有元代科技史的遗存。其中中岳庙始建于秦，庙内保存着北魏寇谦之撰书的"嵩高灵庙碑"，标志着早期道教的正统化，嵩岳寺塔是国内现存最早的佛塔，少林寺还是禅宗初传之地。相对而言，嵩阳书院不过是魏唐寺观的改建，北宋反变法派在这里的活动，也只算嵩山人文历史的最后一次辉煌。

今天嵩山的宋代遗迹，主要还有中岳庙的四种碑刻、宋代镇库铁人，以及少林寺的初祖庵。中岳庙原是秦汉时代的太室祠，是祭祀太室山的场所，五岳制度形成后改为中岳庙。宋初重修中岳庙，因此有卢多逊撰文、刻立于开宝六年（973）的"大宋新修嵩岳中天王庙碑"。大中祥符四年（1011）宋真宗加封中岳神为"中天崇圣帝"，又有大中祥符七年（1014）王曾撰文的"大宋中岳中天崇圣帝碑"，以及乾兴元年（1022）的"大宋增修中岳庙碑"。以上三座宋碑与"大金重修中岳庙碑"共称"四状元碑"，分别立于中岳庙西华门与东华门内。此外，峻极殿东掖门东侧的八角石幢刻有宋真宗《御制中岳醮告文》。崇圣门东面神库四周有治平元年（1064）铸造的四尊铁人，重三千余斤，用一百多块生铁拼铸而成，握拳怒目，挺胸耸臂，十分威严。

中岳庙峻极殿

　　初祖庵位于少林寺西北的少室山五乳峰下，建中靖国元年（1101）知登封县楼异兴建，是嵩山景区难得一见的宋代建筑。宣和七年（1125）重修时，以石柱替换木柱，石柱及神台四周均有精美浮雕。此外，初祖庵殿外原有黄庭坚的"祖源谛本碑"、蔡京的"面壁之塔碑"以及蔡卞的"达摩面壁之庵碑"，均已移入少林寺碑廊，现存初祖庵的黄庭坚碑和蔡卞碑均为复制品。

　　"太师鲁国公京书"的"面壁之塔碑"立于宣和四年（1122），如今塔毁碑存。宣和二年（1120）金国联宋灭辽，童贯率宋军北伐燕京，竟在与辽交战中失利。蔡京反对这次用兵，但他在两年前被勒令退休，此时已没有发言权。两年后，年近八十的蔡京再次拜相，再过两年，开封沦陷，蔡京客死。在崇道的徽宗时代，长期掌权的蔡京兄弟在佛寺各自题写"面壁"，似乎是一种不祥之兆。嵩洛地区即将沦陷，熙宁以来的党争也将告一段落。新法在蔡京时代的辉煌，也终于如司马光预言的那般，"蓦地烧天蓦地空"地烟消云散了。

大宋新修嵩岳中天王庙碑
大宋增修中岳庙碑

大宋中岳中天崇圣帝碑

宋真宗《御制中岳醮告文》石幢

面壁之塔碑

初祖庵石大殿

相关事件年表

1087　洛党、蜀党、朔党纷争。

1088　周敦颐子周焘登进士第。

1089　苏轼知杭州，浚西湖，筑苏公堤，与周焘同游西湖。

1090　宋弃米脂等四寨。

1091　苏轼知颍州。

1092　太皇太后高氏择立孟氏为皇后。

1093　太皇太后高氏去世，赵煦亲政。

1094　复新法，责降元祐旧党。章惇拜相。苏轼贬惠州。

苏轼被退稿：杭州表忠观碑

2019年7月26日，李常生在微信群"大宋史研究资讯"中再次发布《苏轼行踪考》的相关信息："《苏轼行踪考》已经申请书号了。八月底公开吧。然此书费了十二年时间，文献考证、追寻足迹、绘制地图、摄影、撰写，一改再改，共计1800页、120万字，约1500张图片（含地图、照片）……"在此之前，李常生已在群中发布《苏轼行踪考》多篇，拜读之后感佩不已。李常生1949年出生于苏轼逝世地常州，早年从事建筑业，本科和硕士专业分别是企业管理和环境规划。十年前，李常生开始寻访苏轼人生轨迹，并先后攻读东南大学的建筑学院工学博士学位、南京师范大学历史学博士学位及武汉大学文学博士学位。《苏轼行踪考》不但详考苏轼每日行踪，实地考察各地遗迹与风物，更精确绘制古今对照行踪地图，格局、视野、用力程度，均非一般文人作品可比。

苏轼无疑是北宋第一号明星，他的遗迹遍布全国。寻宋旅程中，我们专访过黄冈赤壁、眉山三苏祠、眉山苏洵墓、惠州西湖、湖州黄龙洞、常州苏轼纪念馆，顺访则有杭州、麻城、定州、徐州、庐山等地。但如何为苏轼写一篇寻宋小文，一直让我感到困惑。什么都被写过了，没有蹊径可以开辟。柳立言先生写过苏轼乳母墓志的论文，我觉得似还有可写的余地，不久却在澎湃上读到赵子穆的《苏轼乳母的一生》。要不整理一下全国的苏轼行迹，就不写关于苏轼的文章了？这时却又看到李常生在群里发《苏轼行踪考》。我还注意过苏轼的庐山之行，苦于无力钻研相关问题，最近在朱刚的《苏轼十讲》中读到《庐山访禅》，顿时觉得苏轼研究已经圆满。

2019年，因为讲授宋史课程，偶然以《表忠观碑》为例介绍方志史料，发现宋代表忠观的修建尚有隐情，遂撰此文，以补寻宋苏轼之缺。

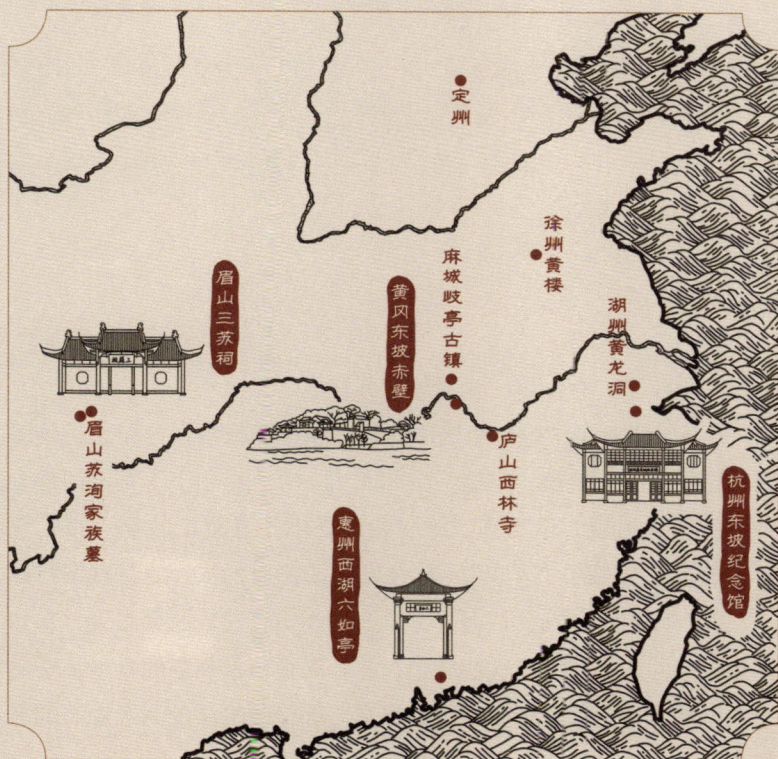

定州

徐州黄楼

眉山三苏祠

麻城岐亭古镇

黄冈东坡赤壁

湖州黄龙洞

眉山苏洵家族墓

庐山西林寺

杭州东坡纪念馆

惠州西湖六如亭

苏轼遗迹分布图

一、后来不见入石

二十年来，有件事一直纠缠着苏轼。

熙宁十年（1077），知杭州赵抃向朝廷打报告，为纪念吴越国钱氏三世五王的功德，申请将杭州龙山（今玉皇山）下荒废的佛堂妙因院改为道观，以管理、维护钱氏在浙江各处的坟庙。报告获得批准，道观赐额"表忠"。赵抃又邀请曾通判杭州的苏轼撰写碑记。元丰元年（1078）八月十三日，徐州黄楼建成的第二天，在知徐州任上的苏轼写出了这篇碑记，赵抃的报告及朝廷的批示被全文照录，然后加上苏轼创作的四言铭文。碑记的笔法受到王安石的夸赞，而墨迹就是书法史上著名的楷帖《表忠观碑》。

人们一直以为，杭州从此有了一座表忠观，《表忠观碑》刊石立于其内。但绍圣年间苏轼贬谪惠州时，曾写言给杭州的僧人道潜，说：

> 《表忠观记》及《辩才塔铭》，后来不见入石，必是仆与舍弟得罪，人未敢便刻也。

如此说来，苏轼在世时，《表忠观碑》是否刻石，大有可疑。

现在出版的字帖均称《表忠观碑》初刻于元丰元年，毁于元祐党禁，"后来不见入石"，指苏碑毁后没有得到重刻。宋徽宗崇宁年间蔡京等人立"元祐奸党碑"，苏轼去世两年后的崇宁二年（1103），下诏"焚毁苏轼《东坡集》及《后集》印板"，"碑碣榜额系东坡书撰者，并一例除毁"。苏轼在绍圣时说《表忠观碑》"不见入石"，崇宁年间自然无从"除毁"。

杭州龙井寺辩才（元净）法师圆寂于元祐六年（1091），绍圣元年（1094）苏轼贬谪惠州时，苏辙也失势出知汝州，《辩才塔铭》"不见入石"或许是时间上不那么充裕。但《表忠观碑》撰成将近二十年，元祐四年（1089）和元祐五年（1090）苏轼自己出知杭州，怎么可能"人未敢便刻"呢？

此中蹊跷，说来话长。

二、送表忠观钱道士归杭

元丰元年（1078）八月，是苏轼在知徐州任上撰并书《表忠观碑》的落款时间。第二年初苏轼改知湖州，四月二十日到任，七月二十八日因乌台诗案被拘押入京，知湖州前后不足百日。在湖州，四月，苏轼拜谒了文庙及诸庙，以宣扬教化并祈祷神明保佑一方。五月端午节，苏轼遍游诸寺，登飞英塔，又往弁山（卞山）黄龙洞祈晴。

2015年3月12日，由湖州师范学院周扬波教授及诸乡贤作陪，我与老沈寻宋于湖州，行程也由扬波兄精心安排：胡瑗墓—铁佛寺—飞英塔—月河街—子城遗址—府庙—大、小玲珑山—弁山黄龙洞—霅溪。湖州寻宋十分尽兴，我与老沈均写了游记。其中飞英塔

湖州飞英塔

是南宋原物，1988 年被列为全国重点文物保护单位，苏轼所谓"忽登最高塔，眼界穷大千"（《端午遍游诸寺得禅字》）之处。印象最深的则是苏轼曾经祈晴的弁山黄龙洞之行。我在游记中这样记述：

> 游览完府庙，往衣裳街用餐，先后食得丁莲芳千张包、周生记大馄饨，又购得诸老大粽子、震远同点心以为纪念。遂驱车接文保所陈先生、莫君等同往弁山黄龙洞。车上周君向陈先生询问叶梦得石林精舍遗迹所在。陈先生告知在大、小玲珑山之间，太史湾村之中，但踪迹全无，恐难寻访。周君深以为憾，因畅谈寻访夙愿及研究叶梦得之心得，车中一时兴奋。行至弁山脚下，才想起相约同行的钟画家尚在市博物馆。于是折

返接上钟画家，顺自经过太史湾村，大、小玲珑山正在公路两旁。

弁山出产的太湖石以皱、瘦、透、漏闻名，是宋徽宗花石纲的三要来源，自宋以来不断采挖，大、小珑玲山早已变成湖泊。此处也是《建炎以来系年要录》作者李心传墓地所在，太史湾因李心传得名，民间误传"太史"为太史慈。在曾经是大玲珑山的湖边，据说可以捡得宋砖、宋瓷。

黄龙洞离太史湾村不远，曾有公司开发旅游项目，周君十年前曾率学生考察。景区现已荒废，1966年发现的石灰岩溶洞黄龙宫大门紧闭。黄龙洞摩崖在丈人峰山顶，因罕有人迹，山路已被杂树覆盖。在文保所莫君率领下，一行人顺利攀登。摩崖中"黄龙洞"三个楷体

湖州黄龙洞及黄龙洞摩崖

大字相传为黄庭坚所书，又有绍定五年（1232）周弼题记及嘉熙二年（1238）程公许题记，"黄龙洞天"四字是明朝四十三代嗣汉天师张宇初题写。丈人峰背后即是黄龙洞，洞若巨井，深约40米，唐以前称金井洞，汉晋以来即是官民祈雨祷晴之处。宋人周密记载："一穴幽深，真蜿蜒之所宅。居人于云气中每见头角，但岁旱祷之辄应。"苏轼有诗《和孙同年卞山龙洞祷晴》："吴兴连月雨，釜甑生鱼蛙。往问卞山龙，嗒不安厥家……寄语洞中龙，睡味岂不嘉……"众人围在洞口议论，苏轼祈祷之时当有投龙简等物投入洞中，不知今日是否尚在。后来查阅资料，才知2012年即有民间探险队绳坠至洞底探险。下山时，钟画家所得颇丰，有废弃鸟巢、奇形藤杖、山顶青苔等物，陈先生亦觅得古生物牙齿化石，可谓满载而归。

就在黄龙洞祷晴的同一个月，苏轼还接待了从杭州来募捐的道士钱自然。钱自然道号通教大师，是吴越国王钱镠的直系子孙。元祐年间苏轼知杭州，查阅档案才发现，当年赵抃提出改建表忠观并让钱自然住持，其实是有缘由的。赵抃给朝廷的报告在十月，七月时，钱道士提交了一份申请，要求将杭州代管钱氏祖产的租赁收益每年一千三百五十四贯划拨给他，用以修葺钱氏"诸处坟庙"。他算了一笔账，修葺工程预算"合用工料价钱一万二千八百九十贯九十九文"，需要连续划拨九年"方得完备"。赵抃显然因为钱道士的申请，才向朝廷打了份报告，但报告中并没有提钱的事情。结果钱道士成了表忠观住持，但修坟庙的经费并没有落实。

苏轼哪里知道事情这么复杂，他还以为钱道士要为《表忠观碑》感激他呢，一见面就问：表忠观完工了吧？

没想到钱道士说：还没呢，杭州去年收成不好，没人愿意捐钱给我修建道观。

苏轼觉得奇怪，他印象中杭州人最喜欢花钱搞些迷信活动，今年杭州丰收，所以他相信修观预算应该不成问题。苏轼对钱道士说：杭人重施而轻财，好义而徇名，是不独为福田也，将自托于不朽。今岁稔矣，子其行乎！

不过钱道士还是厚着脸皮让苏轼捐钱，因此苏轼作诗送他回杭州，这就是《送表忠观钱道士归杭》。诗的后四句是"凄凉破屋尘凝座，憔悴云孙雪满篸。未信诸豪容郭解，却从他县施千金"，就是说苏轼想办法从湖州帮钱道士筹集了一千贯的建观经费。

杭州并没有把钱氏祖产收益拨给钱道士，苏轼的一千贯钱解决不了问题，等今年收成好了再向杭州民众募捐也不现实。更致命的是，钱道士回杭不出两月，乌台诗案爆发，苏轼被拘押入京。当时的知杭州邓润甫是重要的变法派官员，

赵孟頫画苏轼像

无论如何也不可能让抵制新法的罪官苏轼撰碑的表忠观修建起来，钱道士只能搁置建观事宜。

三、经今十四年，表忠观既未成就

乌台诗案的结果，苏轼免罪，但贬谪黄州（今湖北黄冈）。苏轼在黄州四年有余，杭州的表忠观仍未建成，引起钱氏后人强烈不满。元丰五年（1082）三月十八日，以皇城使钱晖为代表的一批钱氏后人直接向朝廷打报告，要求杭州归还钱氏祖产，以便筹资修葺各处钱氏坟庙。朝廷批复，同意杭州每年从一千三百五十四贯的钱氏祖产收益中，划拨五百贯给表忠观。

元丰七年（1084）四月，苏轼离开黄州，本来是转任汝州团练副使。他一路游山玩水，元丰八年（1085）正月抵达应天府，打报告请求在常州居住。三月，宋神宗突然去世，苏轼获准居住常州，五月抵达常州，六月却起知登州，十月抵达登州，又以礼部郎中召还朝廷，十二月抵京，元祐元年（1086）九月任翰林学士、知制诰。这次苏轼在京留任三年有余，目睹了司马光尽除新法的举措，以及司马光去世后反变法派内部的纷争。元祐四年（1089）三月，苏轼请求外任，四月授任知杭州，七月抵杭，在杭州度过了相当充实自在的一年又八个月。

元祐六年（1091）正月二十六日，苏轼被任命为吏部尚书，二月初四日除翰林学士承旨，二月二十八日以知制诰召还。对于这次入京，苏轼内心是抗拒的。他早已厌倦朝中无休止的权力斗争，上状辞免，请求外任。他说弟弟苏辙就在朝中任职，他的任命恐怕不符合当朝宰相的意愿，兄弟同时入朝必然招惹猜忌。

辞免请求没有获得批准。这次知杭，苏轼留下了苏堤、三潭

黄冈赤壁

杭州六一泉

印月、六一泉等著名景点，它们成为杭州西湖千古风流的精魂。但离杭之际，表忠观成了他的心头事。其实除授吏部尚书那天，意识到可能会离开杭州，苏轼给道士钱自然及知越州钱勰寄去两壶酒并附诗（《闻钱道士与越守穆父饮酒，送二壶》）。二月二十八日上状辞免的同时，他另上一道《乞桩管钱氏地利旁钱修表忠观及坟庙状》。苏轼详细回顾为表忠观筹款的整个历程：熙宁十年钱自然请求拨款修坟庙，同年赵抃提议改建道观，元丰五年钱晖请求归还钱氏祖产，朝廷只批准每年拨款五百贯，到他离开杭州时，总计"支得四千五百贯"，尚不足钱自然预算的一万二千余贯的一半，以致"经今十四年，表忠观既未成就，而诸处坟庙，依前荒毁"。因此苏轼申请将钱氏祖产每年一千三百余贯收益全部拨给表忠观。

四、杭人送到《表忠观碑》

苏轼离杭时提出的申请获得批准。但回京仅三月，元祐六年（1091）九月苏轼再次外任。元祐七年（1092）九月再次入京，次年高太后去世，宋哲宗亲政，苏轼的厄运再次来临。绍圣元年（1094）十月，苏轼被贬至惠州。

这期间，林希、王存、陈轩先后知杭州。林希曾为苏轼修筑的长堤题写"苏公堤"，苏堤由此得名。但林希后来起草了贬斥苏轼兄弟的诏令，被讥为反复小人。王存与苏轼关系不错，他在杭州时苏轼已被贬出朝廷。至于陈轩，曾遭苏轼弹劾，他知杭州时，苏轼已贬至惠州。可能在绍圣二年（1095），苏轼写信给杭州的道潜，提到"《表忠观记》及《辩才塔铭》，后来不见入石，必是仆与舍弟得罪，人未敢便刻也"——这封信恐怕没有逃过陈轩的眼睛。

不久，苏轼在惠州，给已经几十年没有联系的表兄兼姐夫、时任广东提刑的程正辅写信，其中提到：

> 杭人送到《表忠观碑》，装背作五大轴，辄送上。老兄请挂之高堂素壁，时一睨之，如与老弟相见也。

这时距苏轼离开杭州不过四年，钱自然修表忠观的经费还没完全到位。估计陈轩不想看到苏轼《表忠观碑》有刻石的一天，所以"杭人送到《表忠观碑》"，恐怕是陈轩故意派人将苏轼的原作寄回。苏轼被退稿了，然后他把这五大轴转手送给表哥。

到了南宋，宋高宗提出"最爱元祐"，表忠观在绍兴年间终于修成，《表忠观碑》也于绍兴二十九年（1159）首次刻石，这时苏

明代《表忠观碑》刻石

轼已去世五十八年。表忠观在淳祐、宝祐、咸淳年间多次重修、扩建，宋理宗还赐田三百亩。咸淳年间的这次扩建，"改创三清大殿，而即殿之故址创五王庙，栋宇宏丽，像设森严"。不过这样的辉煌延续了不过五年。元兵进入临安时，表忠观被毁，碑移入太学。

南宋刻碑四石八面，明代尚存。明嘉靖三十九年（1560），浙江总督胡宗宪将表忠观迁建于涌金门外，又称钱王祠。杭州知府陈柯重刻《表忠观碑》立于祠中。此后宋刻湮没，清乾隆四年（1739），杭州府学教授余懋棟掘得宋刻第一石、第四石，乾隆

杭州戋王祠

杭州钱王祠内的五王殿

钱镠铜像

五十九年（1794）余懋梾重修表忠观时将南宋残碑移入，民国时又掘得第二石十块碎片。1958年钱王祠废墟被利用为动物园，1975年动物园迁址时南宋残碑失踪，明代重刻则被移入杭州孔庙。2002年，明刻第一石、第二石、第四石在孔庙重新寻获，2003年杭州市政府重建钱王祠后重新移入。

新建钱王祠在柳浪闻莺景区，是西湖周边少有的收费景点（门票15元），大殿供奉钱镠等三世五王，两厢功臣堂有描述钱氏武功文治的壁画，明刻苏碑三石立于左厢。二进正殿一楼壁画表现钱俶纳土归宋，二楼展出各地钱氏族谱及钱氏名人生平。钱王祠大门前圣旨坊内又有钱镠铜像，颇显吴越王的豪杰神采。

这么复杂的过程，苏轼泉下有知，又当赋诗几何？

相关事件年表

1095　沈括去世。

1096　程颐贬涪州。女真始兴。

1097　贬元祐旧党，苏轼贬儋州。

1098　筑米脂寨。

1099　宋夏通好。

1100　赵煦去世，弟赵佶（宋徽宗）继位。

1101　起用蔡京，章惇贬雷州，苏轼去世。

1102　立元祐奸党碑。追毁程颐著作。

二流人物的悲欢：苏州沧浪亭

苏州寻宋，我们先后寻访吴江东庙桥、天平山范文正公忠烈庙、灵岩山韩世忠墓、紫金庵、苏州文庙、沧浪亭，景范中学（范氏义庄）、玄妙观。范仲淹是苏州永远的骄傲，苏州人民在天平山与景范中学永久纪念范仲淹，苏州火车站广场上有吴为山创作的范仲淹铜像。苏州宋代文物丰富，紫金庵有南宋民间雕塑名手雷潮夫妇"精神超忽，呼之欲活"的十六罗汉像；玄妙观淳熙六年（1179）重建的三清殿是江南现存最大宋代木构建筑，另有"通神先生何蓑衣事实碑""诏建三清大殿上梁文碑""老君像碑""朝旨蠲免天庆观道正司科敷度牒尚书省札部符使帖碑"四种宋碑；苏州文庙宋碑甚多，四大宋碑"天文图碑""地理图碑""帝王绍运图碑""平江图碑"更标志着宋代文明以及中国古代科技的高度。

　　相对而言，沧浪亭在寻宋行程中并不起眼，既缺宋代文物，也没有显赫人物，和沧浪亭有关的苏舜钦、章惇、韩世忠等只能算二流人物。不过，二流人物的悲欢故事，最宜于消除记忆浮夸、回归历史真切。

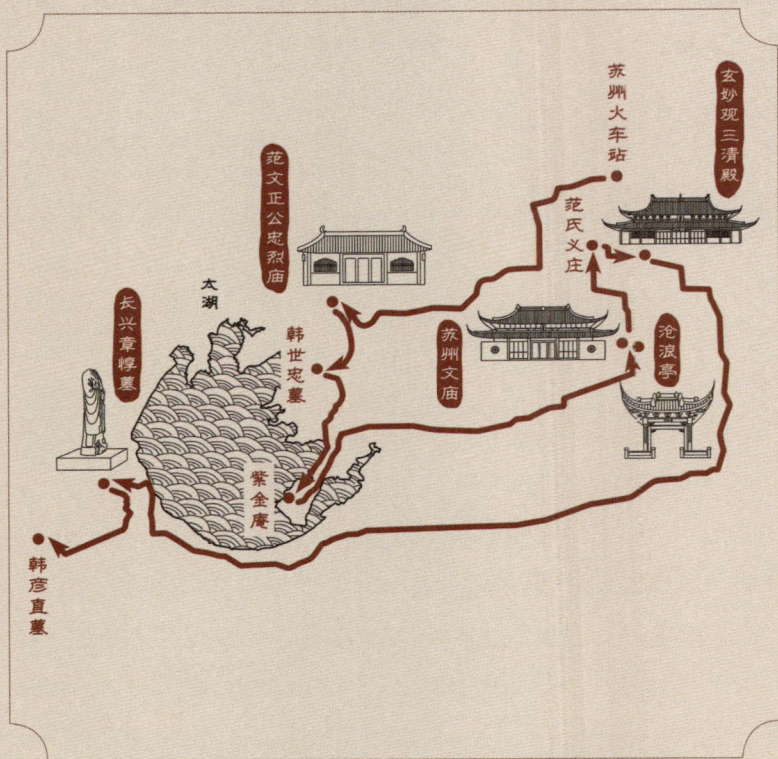

苏州、长兴行程：苏州火车站、范文正公忠烈庙、韩世忠墓、紫金庵、苏州文庙、沧浪亭、范氏义庄、玄妙观三清殿、长兴章惇墓、韩彦直墓

一、朋友，你试过将我营救

把单位的废纸卖了，换钱与几个同事聚会饮酒，因为拒绝一位想加入的同事，结果被告发监守自盗，遭彻底封杀。这事发生在1044年，苏舜钦觉得京城没法待了，装了一船图书，顺水行至苏州，才考虑安顿家小。

诗人总是敏感而偏执，费尔南多·佩索阿（Fernando Pessoa）甚至说，自杀都不足以排遣突如其来的极度倦怠，他的内心渴望是"我从来不曾存在过"。这么说苏舜钦真是小巫见大巫，他只是想跟鱼虫共生。苏舜钦这一出其实连玩失踪都谈不上，他只是躲了起来，范仲淹、欧阳修、梅尧臣的安慰信、唱和诗文一封接一封寄来，有时让他忙得不亦乐乎。还有一些讨厌或不讨厌的陌生人来信，有些称得上谬托知己，把他夸得莫名其妙，其实这些人是借着他的遭遇发泄私愤，结果弄得他如临大敌，板起脸来回信跟人家讨论做人的道理（《答李锐书》）。

最受不了的是开封的来信。前参知政事韩亿在苏舜钦出事前去世了，他的儿子韩维（字持国）是苏舜钦的妹夫，这时寄了封信到苏州，责怪苏舜钦做事不成熟，兄弟还在京城，却不留下来"尽友悌之道"，一个人跑到千里之外自寻烦恼。苏舜钦回信说：没想到你韩维还能说出这样的话来（此语去离物情远矣，岂当出于持国之口邪），我倒霉的时候你出现过吗？现在我自己安顿好了，你来跟我说理性、正义这些大词，你觉得这样很有格调是吗（当急难之时，不相拯救，今又于安宁之际，欲以义相琢刻，虽古人所不能受）？你关心过我在京城的感受吗？那些人想弄死我你知道吗（更欲置之死地然后为快）？说我玩失踪，我不就是怕连累你们这些鬼亲戚吗？你以为你当时没躲着我呀（故闭户或密出，不也与相见，如避兵寇，惴惴然惟恐累及亲戚耳。偷俗如此，安可久居其间）？

苏舜钦出生在开封，受不了南方夏天的湿热，写信骂完妹夫，顿时觉得"土居皆褊狭，不能出气"，整个苏州城都不想待了，就想找一个"高爽虚辟之地"透透气。一天他路过郡学，发现东边有一处草树郁然的湿地，其间有小桥流水、高台空地，据说是吴越国留下来的废弃池馆。苏舜钦花四十贯钱买了下来，盖了亭子与书屋。这里也没有围墙，南北尽是竹林，三面环水，从城里驾舟至此，居于其间读书观鱼，真正是隔绝人世，与虫鸟共乐。这就是欧阳修形容为"清风明月本无价，可惜只卖四万钱"的沧浪亭。

苏舜钦应该并没有把家搬到沧浪亭，这是他读书会友的地方，因此有"独游""静吟"之类沧浪亭的诗题。除了在此钻研《易经》、和诗、回信，他也在周边州县游览山水。苏舜钦在沧浪亭有过一次重要接待，为此他写了一首《郡侯访予于沧浪亭，因而高会，翌日以一章谢之》。据考证，郡侯应该是庆历六年（1046）徙任知苏州的赵槩。苏舜钦在沧浪亭隆重接待赵槩，并不是因为巴结长官。同在朝中时，欧阳修看不上赵槩，嫌弃他没有文采，赵槩也不在意。苏舜钦被治罪时，并不怎么参与庆历新政的赵槩仗义执言，说朝廷

沧浪亭景区门额

惩治名士"触士大夫望，非国之福也"。后来欧阳修被弹劾，赵槩又为他辩白，欧阳修"始服其长者"。可以说赵槩是庆历同党以外苏舜钦最尊敬的官员，沧浪亭高会之后不但仍有和诗，苏舜钦还为赵槩母亲高氏撰写了墓志铭。

二、为何旧知己，变不回老友

1048年，政局有所变化，庆历新政时不在朝中的文彦博出任宰相。苏舜钦上书表达为国效力的愿望，不久复官为湖州长史，不幸未及赴任就因病去世，年仅四十一岁。苏舜钦的妻子杜氏是前宰相杜衍之女，杜衍已于一年前退休，居住在南京应天府。四年后欧阳修为苏舜钦编辑文集，说遗稿是从杜衍家中拿到的，说明杜氏已离开苏州随父族居住。苏舜钦从来不是苏州人，他的家族世代游

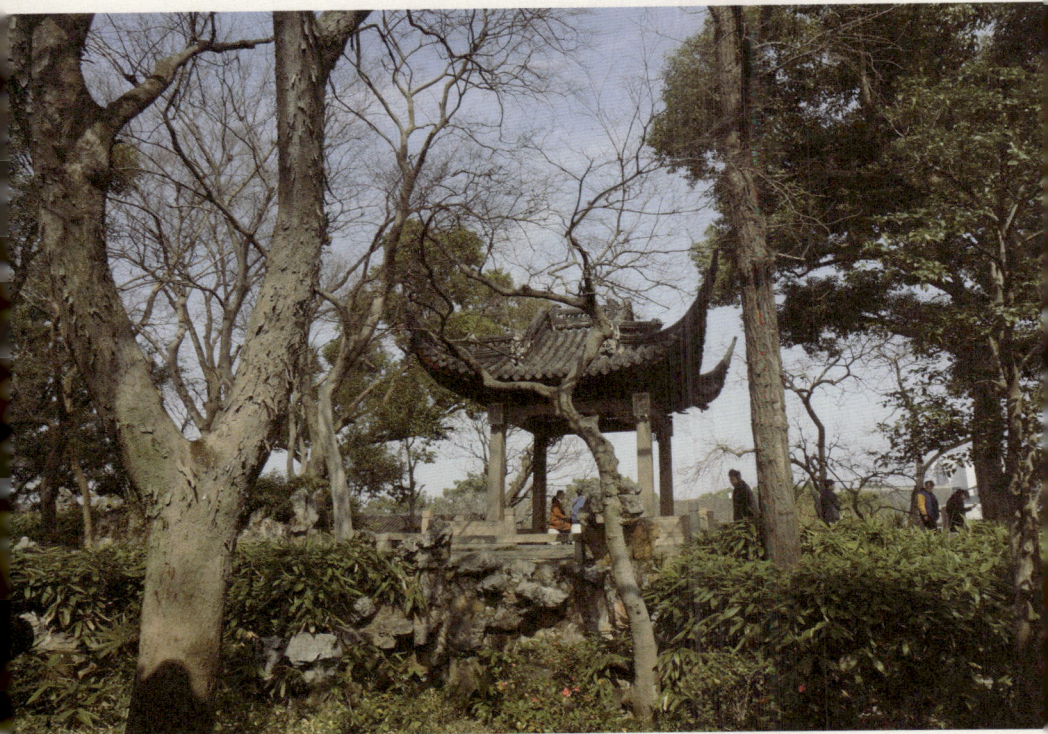

沧浪亭

宦，他的祖上五代时是后蜀官员，入宋后才将籍贯迁到京城开封。由于父兄曾在湖州、明州（今浙江宁波）、会稽（今浙江绍兴）一带宦游，苏舜钦早年也多次往返于江南，但他一直以为自己只是过客，"我亦宦游者，吴会非我乡"（《邂逅刘公尤于平望之西联舟夜语走笔叙意》），还遗憾无缘长住苏州，"无穷好景无缘住，旅棹区区暮亦行"（《过苏州》）。

苏州并非苏舜钦的家乡，杜氏没有理由在丈夫去世后继续居住，离开时将沧浪园转手非常自然。至于买主是谁，就是一个有趣的问题。一般认为，苏舜钦之后，沧浪园归章惇所有，这个判断的主要依据是叶梦得的《石林诗话》，地方志上也这么记载。但龚明之的《中吴纪闻》称："余家旧与章庄敏俱有其半，今尽为韩王所得矣。"这里的"韩王"指的是韩世忠，但"章庄敏"不是章惇，而是章楶。因此苏舜钦之后沧浪亭的主人有三种说法，分别是龚明之的祖上、章楶、章惇。这三家早先都是福建人，二章又是同族，后来先后在苏州定居。问题是苏舜钦去世时，章楶二十出头，章惇才十几岁，杜氏直接转让给他们的可能性不大。而龚家不但真宗时代就因宦游迁居苏州，与苏舜钦还是姻亲，龚明之曾祖龚宗元的妹妹嫁给了苏舜钦的叔父苏宿。就此而言，杜氏将沧浪亭转让给龚氏的可能性比较大。龚家与章楶家也有联姻关系，龚家后来有可能将沧浪园转手给章楶家。章楶虽然善终，但下一代均遭蔡京"倾覆"，章惇晚年虽然远谪卒于贬所，但子孙尚能持家，因此不排除徽宗朝沧浪亭在章楶与章惇两家之间又有一次转手。

变法派对庆历新政的评价似乎不高。章惇考中进士后，直到父亲去世时才回到苏州。章惇的父亲章俞是景祐元年（1034）的进士，应该在出任吴县主簿时迁居苏州，致仕后退居苏州。章惇是王安石变法最坚定的支持者，1085年宋神宗去世时官至知枢密院事。

继位的哲宗年幼，太皇太后高氏听政，召回司马光尽除新法。章惇激烈抵制，不断嘲弄司马光，同在朝中的苏轼居中调解。结果连苏轼都支持的免役法也被司马光废除，章惇在司马光去世后被赶出朝廷。章惇以侍父为由请求出知苏州，等朝廷批准时，章俞已经去世。接下来章惇被告发在苏州违法购田，遭降职处分，然后以提举洞霄宫（在今浙江杭州）的闲职在苏州居住。

章惇刚到苏州时，苏轼在朝中想方设法将新法与宋神宗切割开来，他不知道这种自作聪明的做法只会引起宋哲宗的彻底反感。章惇被人告发违法购田时，反变法阵营内部也相互攻击。苏轼无法在朝中立足，不久出知杭州，并修筑了著名的苏堤。章惇有诗赞美苏堤，有"天面长虹一鉴痕，直通南北两山春"的句子，但这时苏轼对章惇的态度比较冷淡。

1093年太皇太后高氏去世，苏轼立即被哲宗打发到定州，第二年连贬英州、惠州（均属广东）。后来的历史记载说章惇重新上台后刻意迫害苏轼，非得把苏轼贬到更远的儋州（今属海南），甚至派人去杀害苏轼。其实苏轼远谪广东在章惇重新拜相之前，这些记载都是恶意丑化章惇。章惇与苏轼的关系并不复杂，他们都是在嘉祐二年（1057）考中的进士。这次考试苏轼的名次不高（乙科进士），第一名是章惇的侄子章衡。章惇因为"耻出侄衡下"，过两年又重新考了一次，但苏、章二人仍算是同年，早年也是要好的朋友。后来二人政见不同，苏轼从变法一开始就攻击新法，还说变法机构"制置三司条例一司"是"六七少年"求利之器，这"六七少年"差不多就是后来《宋史》中的第一批奸臣，章惇就是其中之一。即便如此，乌台诗案时，章惇还为苏轼说情。高太后听政时苏轼冷淡章惇，哲宗亲政后章惇无力、也无意拉苏轼一把。这时期两人恐怕都严厉批判过对方的政治主张，但还谈不上结怨结仇、相互报复。

沧浪亭的可园（韩园）

三、你我是敌是友，已没法看透

苏轼与章惇本来是诗词、书法、旅游、品酒等方面的好友，因为熙宁变法弄得分道扬镳。关于两人最可笑的故事，是说早年二人同游终南山，在仙游潭，章惇踏木栈在绝壁万仞间题写摩崖，苏轼因为恐高打死也不敢，事后苏轼开玩笑说章惇"能自拼命者，能杀人也"。这个玩笑，就是后来认定章惇本质上是杀人犯的终极证据，乃至章惇嫌弃名次两次科考、不肯走后门为儿子谋美差都成了"穷凶稔恶"的罪证。所以说宋人的评价体系，有时颇有点"魔幻现实主义"的色彩——当然这都是北宋亡国之后的事情。

高太后去世后，宋哲宗亲政六年，章惇稳稳地当了六年宰相。宋哲宗去世，章惇反对宋徽宗继位，1101年被贬到雷州（今属广东），而苏轼遇赦，获准北归。苏轼抵达京口（今江苏镇江）时，章惇之子章援也在当地。章援是苏轼录取的进士，因此称苏轼为恩师，他写信给苏轼，委婉请求苏轼回朝后不要打击父亲。苏轼得信非常开心，在回信中介绍自己在烟瘴之地的生活经验，而这时章惇正在贬谪途中怀念苏轼的诗句。一个月后，苏轼去世，章惇则先后被安置在睦州（今浙江建德）、越州（今浙江绍兴）、湖州。1105年，章惇在湖州去世，享年七十一岁，数年后被追赠为申国公、太师。章粢在章惇之前三年去世，享年七十六岁，不久其子章绛因为盐钞法得罪蔡京。沧浪亭有可能在此数年间转手给章惇。

章惇成为奸臣，是另一个复杂的故事。一旦将北宋的亡国归咎于王安石变法，章惇自然难逃罪责。问题是王安石没有列入奸臣传，章惇也不是传说中对王安石反戈一击的卑鄙小人。章惇受诬的直接原因其实是后宫政治，因为宋高宗的合法性来源于哲宗废后孟氏，孟氏是太皇太后高氏所立，章惇是高氏的政敌，因此也成了宋

章惇墓前残破的石像生

章惇墓

清代重修的沧浪亭碑　　　　　　　　苏州美术专科学校创始人颜文樑塑像

高宗的仇人。绍兴五年（1135），宋高宗宣告章惇曾诬蔑高太后，追贬章惇，甚至"子孙不得仕于朝"。章氏失势后，绍兴年间抗金大将韩世忠从章家夺走沧浪亭，沧浪亭由此改称"韩园"。章惇去世后葬于湖州长兴县，因被诬为奸臣，其墓地史无明载，21世纪初才在盗墓残余中被重新确认。

　　元明时期，韩园废为寺庵，但仍有文人在庵中寻访沧浪亭。清康熙年间，先后有江苏巡抚建苏舜钦祠与沧浪亭园林。民国时期，沧浪亭先后成为修志局、医学堂等。1932年又在此设立苏州美术专科学校，建起希腊柱廊式新校舍。2000年，沧浪亭被联合国教科文组织列入"世界遗产名录"。

相关事件年表

1103　蔡京拜相。追毁苏门文字。

1104　置书、画、算学。重定元祐奸党三百九人。

1105　赵佶崇道。章惇去世。

1106　毁元祐党人碑。蔡京罢相。

从圣君到神仙：徽宗四碑

　　这篇小文讨论的四种碑刻，"元祐党人碑"在桂林，"大观圣作之碑"在赵县，《御制大观五礼之记》碑在大名，《神霄玉清万寿宫诏》碑在莆田，相关行程前文均已交代。

　　文中又提及大足石刻南山造像的三清古洞，这是现存宋徽宗重建道教神谱的最直接物证。我们寻访大足石刻是在2016年3月27日，重庆的寻宋行程还包括钓鱼城与二佛寺。说实话，大足石刻给我的震撼远甚于敦煌莫高窟。四十次寻宋行程，真正的宋代文物以佛塔最多，以致偶尔参与寻宋的娄同学在福建抱怨，咱的寻访目标能不能省略掉一些宝塔呢？

　　宋朝民间完全浸淫于宗教文化，或者说始终属于孙英刚所谓的

"神文时代"，这不必多么高的学问来论证，看一眼宝顶山摩崖造像，就足以理解民间绚烂的宗教艺术对世俗人心的勾摄能力。从这种角度重新审视宋徽宗的毁佛崇道运动及其高超的艺术造诣，别有意味。

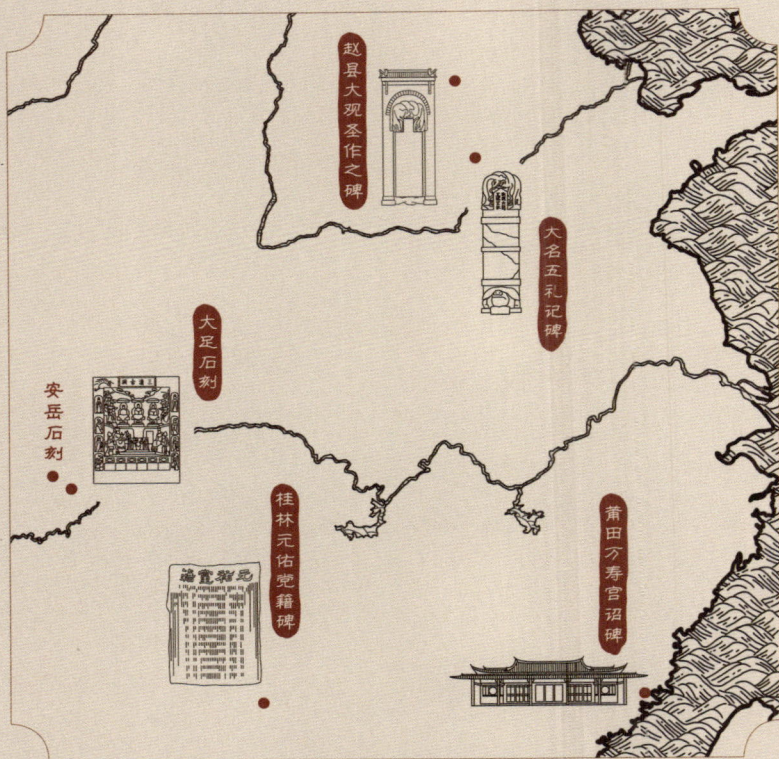

赵县大观圣作之碑

大名五礼记碑

大足石刻

安岳石刻

桂林元祐党籍碑

莆田万寿宫诏碑

徽宗四碑分布图：桂林元祐党籍碑、赵县大观圣作之碑、大名《御制大观五礼之记》碑、莆田《神霄玉清万寿宫诏》碑、大足石刻

一、宋徽宗不是艺术家

伊沛霞（Patricia Buckley Ebrey）教授的《宋徽宗》中文版于2018年出版。这部连作者自己都承认并不怎么"学术"的作品，试图要"还原宋徽宗的真实生命历程"，以"了解之同情"，"从宋徽宗自己的视角出发"，再现"北宋末期的历史与时代风貌"。或许因为承受着中国学者"道德指责"的压力，或许出于市场的考虑，在描述宋徽宗的成长历程与种种政治文化举措之后，伊沛霞教授无意阐释宋徽宗独特统治风格的内在逻辑，没有解释北宋崩溃的原因。结果这部《宋徽宗》更像是赵佶文化生活的资料汇编，除了"抛开中国传统史学符号化的道德指责"的噱头，似乎无甚新意。

然而，解读伊沛霞教授的《宋徽宗》同样不可缺少"了解之同情"。无论她"抛开中国传统史学符号化的道德指责"时做得如何小心翼翼，中国同行"敬谢不敏"的立场十分坚定，视角"独特"或"新颖"就是中国学者表达这种态度的标准辞令。昏君、风流皇帝、误入歧途的"天才艺术家"这些标签对于宋徽宗而言并不新鲜，将宋徽宗的政治追求与靖康之难切割开来理解，却有严肃的学术意义。宋徽宗对金国的军事、外交举措相当弱智，他必须对靖康之难负责，但宋徽宗是一个欲壑难填、荒淫无道、举止乖张的君主吗？是宋徽宗、蔡京继承的熙丰事业导致了北宋的财政危机、军事萎靡吗？如果重用元祐党人，北宋就能避免一场军事灾难吗？宋徽宗时期的民变比北宋以往任何时期都更严重，那么北宋即使不亡于金也将会埋葬于民众的反抗吗？如果这些设问都没有确定的答案，那么宋金交战前宋徽宗的政治举措就有理由重新评估。《宋徽宗》之所以令人失望，在于作者本该严肃地探讨这些问题，结果避重就轻，以"从徽宗的视野来看他的世界"为遁词，试图将赵佶塑造成不谙权力游戏、不受陈腐传统束缚、性格浮夸的政治素人。问题在于，"徽宗的视野"是伊沛霞描述的那样吗？回到历史情境中，我们究竟会发现怎样的宋徽宗？

伊沛霞讲的没错，包括"端王轻佻"在内的宋徽宗昏君形象是北宋灭亡后重新塑造的结果。但宋徽宗对宗教与艺术的痴迷，究竟是出于艺术家天才的个性，还是步步惊心的政治谋略？在宋徽宗的视野中，自己是艺术家，还是肩负道义或老谋深算的政治家？这个问题不会太过复杂，回到宋徽宗的时代，或许很多人无法理解赵佶，但赵佶眼中的自己无疑就是圣君。

二、元祐党人碑

宋徽宗自我设定的圣君形象令人难以接受，那是因为史家的视野里出现了盲区。据说徽宗退位前下过罪己诏，罪己诏上的徽宗形象比较符合后世史家的需求，但那完全不是宋金交战之前徽宗对自己的定位。宋徽宗把司马光、苏轼等人列为元祐奸党，自古正邪不

桂林龙隐岩的"元祐党籍碑"

两立，如果元祐党人都是正人君子，宋徽宗自然万劫不复。但"徽宗视野"中，元祐党人是破坏父兄神圣政治事业的祸害与奸臣，徽宗朝修成的《哲宗正史》如果有《奸臣传》，绝对少不了文彦博与司马光这两位罪魁祸首。无论从君主制还是儒家伦理的角度，司马光等支持"以母改子"而否定"子承父业"，就为政敌们指控其奸邪提供了确凿证据。不管多大程度上是出于私心，打击元祐党人的理论依据相当充分，当徽宗将其打成奸党时，他眼中的自己一定光辉而神圣。

虽说徽宗朝的史料不是那么丰富完备，李焘《续资治通鉴长

编》的徽宗部分也基本散佚，但哪怕利用清代重辑的《长编拾补》，
也能轻易发现徽宗朝政治史的发展脉络。在短暂的"建中靖国"稳
定皇位之后，"崇宁"时期徽宗朝彻底否定元祐政治与学术，继承
与发展熙丰新法，这时期史书记载的三大主题是党禁、理财与西北
用兵。改元"大观"时，宋廷已沉浸在"功成治定""缉熙太平"
的氛围之中，开始放松对元祐党人的禁锢，施政的重点转向了教
化。徽宗的教化事业经历了八行教育、礼制新编与道教崇祀三个阶
段，整个过程不但以否定元祐学术为起点，对儒学义理化趋势更是
反其道而行之。

其实宋徽宗的重点是否定元祐路线，而不是迫害元祐党人，因
此确立"崇宁"路线之后，党禁就有所放松。据陈乐素的考证，元
祐奸党碑三百零九人中，流放岭南有三十二人，但贬死多在宋哲宗
亲政时期，崇宁年间再贬岭南者多数遇赦北还，政治迫害的严酷性
至少比不上绍圣年间。而且徽宗时期的党禁基本消除了庆历以来此
起彼伏的党争，因此在"徽宗的视野"中，党禁算他的得意之作，
算得上老谋深算，收放自如。唯其如此，他才会把奸党名籍刻石立
碑，颁行天下。

崇宁年间的党人碑有三种。第一种是崇宁元年（1102）一百二十
人党人碑，徽宗御书，立于臣僚们每日入朝的必经之地端礼门。第
二种是崇宁二年（1103）九十八人党人碑，除去一百二十人名单中
的武臣与内臣，立于各州军府衙。第三种是崇宁三年（1104）三百
零九人党人碑，这个名单第一位是废新法的司马光，最后一位是反
对立徽宗的章惇，由徽宗御书立于文德殿东壁，再由蔡京书写颁之
天下，立碑的范围可能遍及州县。到了崇宁四年（1105），徽宗就
宣告大赦天下，党人内徙，并下令除毁党人碑，因此党人碑理论上
只存在了短暂的三四年。南宋时熙丰之政遭到全面否定，元祐奸党

宋徽宗画像

碑摇身成了光荣榜，"夫前此一时之屈，而后此万世之伸"（饶祖尧《龙隐岩元祐党籍跋》），黑名单成了子孙推恩的依据，于是有人重刻以为家族光宠。

元祐年间的尚书左丞梁焘，绍圣年间贬死于化州（今属广东），卒后不得归葬，家属被勒令在昭州（今广西平乐）居住，崇宁年间自然列入党人碑。到了南宋庆元四年（1197），正是韩侂胄打击道学（庆元党禁）最严厉的时候，梁焘的曾孙梁律时任静江府（今广西桂林）的武官，他征得通判饶祖尧的同意，在桂林龙隐岩重刻崇宁三年（1104）的"元祐奸党碑"，并改题为"元祐党籍"，文末有饶祖尧题跋。此外又有广西融水县真仙岩的"元祐党籍碑"摩崖，为党人沈千的曾孙沈暐重刻于嘉定四年（1211）。不过两处摩崖的形制与文字多有出入，一般认为龙隐岩摩崖更接近蔡京所书原本。

三、大观圣作之碑

元祐党禁的重点，是彻底否定元祐党人的政治与学术路线。司马光的史学，苏轼的文学，二程的义理儒学，都是宋代学术的巅峰之作。宋徽宗要否定元祐学术，难道还能废除史学、文学、义理儒学吗？没错，这就是宋徽宗要做的。大观三年（1109），宋徽宗有御笔，说地方学校建藏书阁"皆以经史为名"，明显违背他刚刚宣布的"崇八行以迪多士，尊六经以黜百家"的教育方针，并质问"史何足言"？明确否定史学的价值，并下令将藏书阁都改名为"稽古"。这看上去非常无聊，好像也不是刻意针对司马光。但再看一条记载，录取新科进士后，皇帝照例应该赐诗，政和二年（1112）宋徽宗没有赐诗，改为赐箴，原因是之前朝廷已经下诏禁止士人学习诗赋，同时也禁士人学习史学。这是不是更无聊呢？《文献通考》的作者马端临就明确指出，这种荒唐的政策直接针对司马光与苏轼：

> 尊经书，抑史学，废诗赋，此崇、观以后立科造士之大指，其论似正矣。经之所以获尊者，以有荆舒之三经也；史与诗之所以遭斥者，以有涑水之《通鉴》、苏黄之酬唱也。

"尊经书"，尊的是王安石的《三经新义》；"抑史学"，抑的是司马光的《资治通鉴》；"废诗赋"，废的是苏轼及其门人的文学作品——这是宋徽宗彻底否定元祐学术的具体内容。

废除元祐学术之后，取而代之不只是王安石的《三经新义》，宋徽宗更有自己的创新，"方今崇八行以迪多士，尊六经以黜百家"，"崇八行"就是他自己的发明。宋代科举制度不断变革，王安石时期，为了改变在家自学、到官府一考定终生的选拔方式，发明"三舍法"，把太学分为外舍、内舍、上舍，加强太学对士人的直接培训。宋徽宗时，蔡京把三舍法推广到州县。而宋徽宗觉得人才选拔，才智尚在其次，思想品德才更重要，于是提出品德高尚者应该直接授官。宋徽宗要求各级官府推举具备孝、悌、睦、姻、任、恤、忠、和八种德行的人，违背"八行"则受惩罚，谓之"八刑"。其中"忠"看似排在"八行"的第七位，但徽宗引孔子的话说，"其为人也孝悌，而好犯上者，鲜矣。不好犯上，而好作乱者，未之有也"，"孝悌"的标准即是不犯上作乱。至于"八刑"，"不忠之刑"就毫不含糊地列于首位，具体内容包括"谋反、谋叛、谋大逆及大不恭、诋讪宗庙、指斥乘舆"，任何说皇帝坏话的人都不能上学、当官。

宋徽宗在大观元年（1107）三月发布这道《八行取士诏》，六

月要求各地学校刻石立碑，称"学校八行八刑碑"。随后，各地又以宋徽宗御书的《八行取士诏》刻石，并由蔡京题额"大观圣作之碑"。该碑当时遍及全国，至今仍保留十余种，其中以河北赵县与平乡、河南新乡、山东泰安岱庙遗存最为高大，书法碑帖则以陕西西安碑林博物馆所藏原乾县"大观圣作之碑"拓本最为知名。

河北赵县的"大观圣作之碑"原是文庙遗物，后立于县生产资料公司院内，通高5.6米，是现存"大观圣作之碑"中最壮观、最完整的一种。我与老沈2015年9月9日寻访此碑，碑在一片长满杂草的空地上，四周是杂乱的厂房、公司，碑体砌于碑亭之中，又以铁栅护卫，虽然可以随时寻访，但字体与纹饰难以细致观摩。

位于河北赵县的"大观圣作之碑"

四、《御制大观五礼之记》碑

王安石变法的最低纲领是富国与强兵，最高纲领是"一道德、同风俗"。崇宁年间否定元祐之治、恢复熙丰路线之后，通过数年的理财与用兵，徽宗感觉富国强兵的目标已经超预期完成，今后要把工作的重心转移到"一道德、同风俗"上来。达成这个目标不能依靠"八行八刑"。"八行取士"的效果很难评述，但在徽宗朝一直实行，在南宋也有回响。"八行取士"的人数远不及科举，社会影响也不大，很多人获得了"八行"的录取资格却坚持走科举的道路。

宋徽宗推进"一道德、同风俗"的主要途径是重新制礼作乐，这是编年体史书中大观、政和年间的重要事件。为此宋徽宗于大观元年设立专门机构"议礼局"，亲自撰写冠礼部分作为范本。此后的编撰工作也由徽宗亲自指导，臣僚们"悉禀训指，靡所建明"，只是忠实地呈现徽宗的构想，绝不提出自己的意见。这部礼书在大观年间就已修成，实施细则的制订则拖到政和年间，原定书名《大观五礼》也改为《政和五礼新仪》。宋徽宗为这部礼书提出的书面指导意见以及臣僚们的请教记录，都保留在礼书的"卷首"，篇幅竟达万余字。通过这些记载，就会发现在当时君臣的"视野"中，宋朝已经进入"功成治定"的太平盛世，上天赋予徽宗的神圣使命，就是通过制礼作乐回归黄金时代、创造极乐世界，"巍乎三代之隆矣"！

《政和五礼新仪》不但博古通今，而且展现了宋徽宗实现"一道德、同风俗"的非凡创举，破除了"礼不下庶人"的陈腐传统。新礼制的适用范围不限于天子臣僚、王公贵戚、儒生士大夫，庶民百姓也须严格执行，"其不奉行者论罪"。为了推行新礼，不但广泛发行礼仪简明手册，还在各地培训"礼生"加以推广、监督，民间习俗所依赖的媒妁卜祝，必须到官府接受礼生们的思想改造（民间丧葬婚姻，礼生辄胁持之，曰"汝不用《五礼新仪》，我将告汝矣"）。结果，按照陆游的说法，差不多新娘披个白色婚纱就被说成卖国贼，新郎只好给礼生塞红包赔笑脸求他不要扯淡了。

《水浒传》中有位北京留守梁中书，让杨志押送生辰纲给岳丈蔡京，由此引出智取生辰纲的故事。这位梁中书的原型，应该是政和年间两次出知大名府的梁子美。大名府在晚唐是魏博节度使的治所，829年何进滔成为魏博节度使，840年去世时，唐文宗为他立了一通德政碑，由柳公权撰文并书丹。该碑高12米有余，号称中国存世最高的巨碑，其实比曲阜景灵宫的万人愁碑略低。王安石变法的时候，曾经教导过神宗皇帝，说唐太宗之流不值得追慕，尧舜之治才是效仿的对象。于是梁子美出知大名时，把何进滔德政碑上柳公权的碑文磨平，改刻《御制大观五礼之记》。明代前期，大名旧城为洪水所淹，该碑淤埋于地下，明嘉靖年间重新掘出时已断为九块。1987年大名县文保所将断碑运至县石刻博物馆，1988年吊装修复后重立。只是碑文早已浸漶，唯篆额仍相当清晰。问题是宋代文献中并没有一篇《大观五礼之记》，查阅方志录文，发现碑文近似于《政和五礼新仪序》而略有不同，特别是最后一句，"记其事，刻之因……"被改成"记其制作之因……"。显然大观年间修成《大观五礼》时，宋徽宗写过一篇记文准备刻石，后来因编写仪注而改名《政和五礼新仪》，宋徽宗又据大观记文改写政和新序。梁子美刻石时礼书尚未改名，推测刻石时间当在他第一次出知大名的政和二年（1112），而非一般资料中所说的政和七年（1117）。

"礼下庶人"的运动当然并不成功，但宋徽宗也并非罔顾民意、顽冥固执之徒，而是颇具灵活机智的政治手腕。宣和元年（1119）

位于河北大名的《御制六观五礼之记》碑

他就承认"立礼欲以齐民，今为害民之本"，便停止在民间推行政
和五礼。宋徽宗并没有就此放弃"一道德、同风俗"的崇高理想，
他总结教训，以民为本，既然"礼"不能下庶人，何不将"俗"立
为国家体制？一套更加新颖、更加接地气的"一道德"方案已经酝
酿成熟——就在那年，他下令将御制御书的《神霄玉清万寿宫诏》
在各地刻石立碑，以此宣扬"道者""可使一世之民举得其恬淡寂
常之真，而跻于仁寿之域"的"真理"。

五、《神霄玉清万寿宫诏》碑

近些年还有文史名家以"天人之际"这样的题目来讨论"中国
古代思想起源"，其实相关问题王国维、傅斯年已经阐释得相当透
彻。孔子说"敬鬼神而远之"，本来就说明儒学与巫鬼文化若即若
离的关系。孔子崇拜周公，周公的文化措施是制礼作乐，讲求"亲
亲尊尊"，胡适《说儒》又指出儒生其实是治丧事的仪式专家，因
此早期儒学的根本是礼制。到了汉代，儒学一方面重新神学化，另
一方面更强调三纲五常的伦理秩序。宋代的程朱理学被称为新儒
学，讲究"格物致知、正心诚意"那一套，相当于一场新教革命，
思想观念上严重背离传统，被指为"伪学"并不全是冤枉。后来理
学正统化，程朱成了孔孟的直接传人，这个过程就被现代史家称为
儒学的义理化。宋徽宗的教育方针，禁止了司马光为代表的史学、
苏轼为代表的诗赋，元祐奸党程颐的理学也不能是漏网之鱼。如果
说儒学由先秦至宋代经历了巫鬼、礼制、伦理、义理四个不同的阶
段，那么宋徽宗政治文化就是反其道而行之，由"八行八刑"的伦
理走向《政和五礼新仪》的礼制，"礼下庶人"运动失败后，再进
一步就该巫鬼登场了。

宋徽宗的办法很巧妙，他以"道"作为核心概念，试图将儒学与道教合二为一。早在政和三年（1113），宋徽宗建了一座新的皇家道观玉清和阳宫，里面构建了一个新的道教神系，包括三清、玉皇、圣祖、北极、天皇、圣后、后土，这就是宋代出现的三清六御系统，把赵宋的圣祖与圣后挪走就是道教后来的三清四御。包括两位女性的宋代三清六御造像十分罕见，近年来越来越多研究者相信，大足石刻南山造像的三清古洞就是这个神系的实物证据。

三年之后，宋徽宗宣告，南郊所祭"昊天上帝"就是道教"玉皇大帝"，因此给"天"上新尊号"太上开天执符御历含真体道昊天玉皇上帝"。儒家最高神"昊天上帝"屈居于道教三清之下，这个组合简直把朱熹给气疯了。如此这般，皇帝既然是"天子"，自然也是"玉皇大帝"的儿子，所以宋徽宗又说他是上帝长子"神霄玉清王南极长生大帝君"，从此自称"道君皇帝"。京城的玉清和阳宫、各地为他祝寿的天宁万寿宫，也统统改称"神霄玉清万寿宫"，以奉祀他"长生大帝君"与留在天上的弟弟"东极青华大帝君"。为此他亲撰并书写了一篇记文，这就是《神霄玉清万寿宫记》。

据说蔡京的故乡福建莆田是最早为《神霄玉清万寿宫记》刻石立碑的地方，碑额"御笔手诏"四字乃蔡京之子蔡絛所题，此碑今天仍立于莆田元妙观宋代古建三清殿侧。莆田也是妈祖的故乡，福建历史上巫风浓厚，被理学家视为淫祀的民间祠庙遍布城乡。既然庶民百姓无法接受政和五礼，何不迎合他们的口味，把自己改造成神仙供民间奉祀，既能"一道德、同风俗"，又能从根本上否定元祐奸党的异端邪说！因此徽宗在碑文中宣称，他将"崇道"以"革末世之流俗，还隆古之风"。这时徽宗离他的终极理想已经无限接近，浙西的方腊、京东的宋江也开始起兵造反。

《神霄玉清万寿宫诏》碑

莆田元妙观三清殿

—————— 相关事件年表 ——————

1107　蔡京复相。以八行取士，以御制八行八刑刻石。

　　　建显烈观于陈桥。

　　　程颐去世。

1108　河东、河北起义。

1109　蔡京罢相。

1110　修《大观礼书》。

1111　改《大观礼书》为《政和五礼新仪》。

　　　童贯使辽，燕人马植献取燕议。

1112　五国部长朝于辽，完颜阿骨打独不起舞。

1113　女真反辽，完颜阿骨打为都勃极烈。

1114　完颜阿骨打起兵反辽。

1115　完颜阿骨打称帝，建金国。

1116　道士林灵素称赵佶乃南极长生大帝君。

1117　赵佶自称教主道君皇帝。

1118　宋金使臣互通。颁赵佶御注《道德经》。

东京千年梦华：开封二塔

　　今天的开封在极力打造北宋东京的繁华盛景，除著名的铁塔公园外，又有清明上河园、大相国寺、开封府、包公祠、天波杨府、金明池、宋都御街、矾楼等以北宋东京为主题的旅游景点。开封西北隅的清明上河园依据张择端名画《清明上河图》设计构建，1992年动工兴建，1998年正式开放，是全新的民众娱乐场所。大相国寺始建于北齐，北宋为皇家寺院，明代仍有保留，但毁于明末李自成围攻开封时，清代得到重建。1927年冯玉祥遣散寺僧，改相国寺为中山市场，日军统治时期恢复寺院，新中国成立后对寺内古建进行修缮，1992年批准为宗教活动场所。开封府与包公祠也毁于明末，20世纪80年代后才作为旅游景点重建。天波杨府指杨业府第，杨业去世后改为孝严寺，毁于宋末，1994年重建。金明池在外城西郊，原为北宋水军操练场，后改为皇家水上园林，也毁于宋末，十多年前规划重建未成，今天似乎是一个房地产开发项目。此外，取材于北宋酒楼的仿古建筑矾楼建于1988年，作为仿古商业街的宋都御街形成于1991年。至于著名的龙亭景区，是北宋皇宫及明代周王府所在，明末李自成三攻开封时遭到水淹。清初在此设贡院，康熙年间建万寿亭，又称龙亭，雍正年间扩建为万寿宫。

开封真正的宋代文物当中，铁塔景区非常热闹，繁塔并未建成旅游景点。开封府与包公祠内的《开封府题名记》碑都是复制品，原碑在开封博物馆少人问津。新郑门遗址正在考古发掘之中，我在2017年4月14日参加河南大学宋史会议期间曾有幸参观。

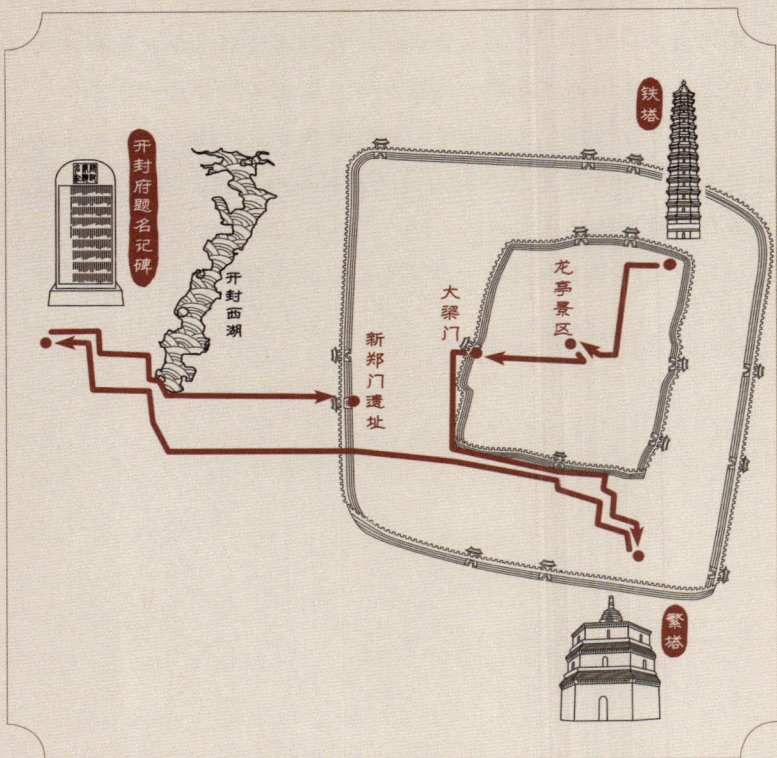

铁塔

开封府题名记碑

开封西湖

龙亭景区

大梁门

新郑门遗址

繁塔

开封行程：铁塔公园、龙亭景区、大梁门、繁塔，《开封府题名记》碑（开封博物馆）、新郑门遗址

一、郭京与《六甲天书》

读宋史读到郭京六甲神兵这一节，总觉得画风突变、节奏凌乱。金兵围攻开封城已有一月，其时天寒地冻，入城无门。这时一个自称能撒豆成兵的神汉要求防御部队从城墙四壁撤走，他要派出数千神兵出城攻杀金军。结果神兵一触即溃，郭京趁乱逃遁，金军攀上开封外城四壁。即使这时，开封城内仍然人多势众，军民准备巷战。金军十分忌惮，不敢入城，以屠城相威胁，要求宋廷投降，然后掳走徽、钦二宗。这就是靖康之难。

如何才能理解宋廷君臣会轻易相信一个神汉，徽、钦二帝毫无抵抗就被金军掳走呢？老子的《道德经》说："夫唯不争，故天下莫与之争。"宋徽宗的《御解道德真经》讲："以道莅天下者，莫之为而常自然，无攻战之祸，无杀戮之刑，是之谓不伤民。当是时也，神与民两不相伤，而德交归焉。"宋廷在靖康之难中的表现，似乎是在践行这种神乎其神的理论。王朝的命运，或许维系于宋徽宗对道家哲学某种真挚的情感。

至于郭京的六甲神兵，就必须讲一讲金庸的射雕三部曲了。射雕三部曲的主人公分别是郭靖、杨过（過）、张无忌，都是抗击金元的大英雄。而导致北宋灭亡似乎是一句诗，叫做"郭京杨适（適）刘无忌"，诗句中三个人物与三部曲主人公的对应关系一目了然。宋钦宗时，宰执大臣孙傅算得上忧国忧民的忠义之士，东京沦陷前说过"祖宗法惠民，熙丰法惠国，崇观法惠奸"这样的话，靖康之难后绝食而死，南宋追谥"忠定"。但就是他，在金军围城之时，因为读到丘濬《感事诗》有一句"郭京杨适刘无忌，尽在东南卧白云"，便找了郭京这个神汉来御敌。

这个丘濬不是明代海南的那位理学大家，而是北宋黟县（今属安徽）的官员，是名道教爱好者，据说读《周易》而悟"损""益"两卦秘旨，掌握了预知未来的能力。为了亲近道教圣地茅山，丘濬还要求到句容（今属江苏）当县官。他活了八十一岁，传说离世后尸解成仙。丘濬生前身后名声都不大，现在只能在地方志中找到他的传记资料。忧国忧民的孙傅为什么要在意丘濬的一句奇怪的诗呢，恐怕不是毫无原因。丘濬曾经受过一次处分，从中央贬到地方，原因是他作了一百首诗"讪谤朝政"，而且"言词鄙恶"，"以阴阳灾变，皆非人臣所宜言者"。这事发生在庆历四年（1044）范仲淹实施新政时，估计丘濬蒙中了庆历新政之后政局变化的某些趋势，被某些人传为神仙，也让孙傅惊为天人。

孙傅因为丘濬的预言而相信郭京有某种魔力。虽然朝廷检验过郭京的法术，据说能让老鼠隐身，但期待老鼠隐身、六甲御敌本身也要有理论依据。金庸武侠世界第一号功夫秘籍《九阴真经》的作者叫做黄裳，《射雕英雄传》中周伯通对郭靖说：

　　咱们大宋以前有个皇帝，叫做徽宗。徽宗皇帝信的是道教，他于政和年间　遍搜普天下道家之书，雕版印行，一共有五千四百八十一卷，称为《万寿道藏》。皇帝委派刻书之人，叫做黄裳……他生白这部大道藏刻错了字，皇帝发觉之后不免要杀他的头，因此上一卷一卷的细心校读，不料想这么读得几年，他居然便精通道学道术，更因此而悟得了武功中的高深道理。他无师自通，参习内功外功，竟成了一位武功大高手。

黄裳成了武功大师自然是小说家言，他受命在福建雕版《政和万寿道藏》却是历史事实。这部历史上首次雕版的道藏早已亡佚，但明代道藏中北宋以前的部分应该不会超出《万寿道藏》收录的范围。《万寿道藏》中虽然没有《九阴真经》，却有一部《上清六甲祈祷秘法》，开篇是这么写的：

> 昔时，东华大帝上朝，元始上帝、太上道君、老君、玉帝、紫微大帝皆聚会二丙寅宿胃天官。时，东华帝君起立于众圣之前，曰：臣有《六甲天书》三卷，意欲流传阎浮提世界，受持行用。切见未来世，刀兵凶乱，黎民失业、父子相离，不能相救。令传上士，受持行用，佐国治乱，驱使六甲六丁，天游十二溪女，那延五天女，共为一部。阴阳之神，神通广大，位下三员大将，各管鬼兵百万。今分为三卷上呈，按法以传。是时，元始天尊省览所陈，付玄元老君流行于世。厥后，老君遂授尹喜先生传于凡世。老君尸还太清宫，世人得受六甲六书，自此始也。从古至今，抄写多是六丁六甲之名，及天游十二溪女、那延天女、三员大将名号，用之不神。如得此书，须凭本师上坛传度，方可行用也。佐国治乱，扶危救民疾苦，九祖升仙。此书能使六甲六丁之神，能弓天游十二溪女、那延天女，能使鬼兵三大将，

能使百万鬼神，能召风云雷雨，能破军寨，能使木牛木马，能使壁上画人走动，能令百草冬月放花，能追地下鬼神及地下伏藏之宝，能令行法人身飞千里万里，能辟水火刀兵，能敌百万之众，善射弓箭万无一失，能摄星月之神使之相见，能召请五方帝君及三官五星降下凡，所欲之物，皆得如意也。

这里的情节过于魔幻，但要求重新向凡间传授《六甲天书》的是谁呢？是"东华大帝"，也就是"东极青华大帝君"。没错，他是道君皇帝"南极长生大帝君"宋徽宗在天界的弟弟，道君皇帝下凡统治宋朝的时候，把天上的事务托付给了弟弟东华大帝。现在宋朝京城被围，哥哥在凡间有难，弟弟要拿《六甲天书》来救哥哥了！人物关系弄清楚了，现在假设你是靖康年间宋朝的大臣，摸着良心说，面对郭京驱使六甲神兵消灭金军这种魔幻情节，你真的敢说打死我也不信吗？

二、繁塔

开封城并未毁于靖康之难。

北宋的开封有宫城、内城、外城三重城墙，外城南北约7.6公里，东西约7公里，略呈菱形，底部宽约18米，高约12米，取虎牢（关）土筑成，"坚密如铁"。正南的三重城门由内而外分别为宣德门、朱雀门、南薰门，城外护龙河阔30余米。开封地势西北高、东南低，金军重点从东南攻城，几次被宋军击退。郭京的六甲神兵从南壁东门即宣化门（俗称陈州门）出击，溃散之后，金军攻破宣化门登上城墙。

经过围攻与掳掠的开封城虽然满目疮痍，却完整保留了下来。

1127年春，金军逼令张邦昌称帝，然后撤退。不久张邦昌退位，宋高宗赵构在南京应天府即位，并委任宗泽为东京留守。宗泽重建开封城的守御体系，恢复街市，接连上奏疏请赵构回銮。赵构却逃至扬州，宗泽忧愤而卒。杜充、上官悟接任东京留守后，御敌无方。金军于1130年再次占领开封，立刘豫为帝，拆毁宋真宗出生的景灵宫以及徽宗时由秘书省改建的明堂。1137年金废刘豫，完颜兀术在开封设行台尚书省，称汴京，成为金国南方的统治中心。1139年宋金和议时，金一度同意将开封在内的河南之地归还宋朝，但随后毁约再次进占。岳飞恢复中原失败后，金朝才完全占据开封。金朝前期开封极为破败，"旧京自城破后，疮痍不复"，"新城内大抵皆墟，至有犁为田处"，"四望时见楼阁峥嵘，皆旧宫观、寺宇，无不颓毁"。1149年完颜亮发动政变夺取政权，1153年迁都燕京（北京），并称汴京为南京，开始修复北宋皇宫。1155年皇宫

北宋开封城复原模型

火灾，1156年完颜亮下令重建，所费不可胜计。这次重建包括在城内建了一座马球场，在景灵宫遗址营建金朝太庙，南宋楼钥在《北行日录》中描述大内"新造一如旧制"。1161年皇宫建成，完颜亮迁都汴京并起兵南侵，随即为将士所杀。金世宗继位后还都燕京，1214年燕京遭蒙古进攻，金宣宗再次迁都汴京，并扩建子城（内城），其南北城墙一直保留至今。

金元的汴京攻防战，激烈程度远甚于靖康之难。蒙军在城墙四面各置炮百余，城墙上木构建筑均为摧毁，城墙则"唯凹而已"，金将赤盏合喜以"震天雷""飞火枪"等火器还击。1232年金哀宗出逃，蒙军虽未屠城，战后"出葬者"也有"百余万人"。元初蒙古统治者把开封周围的农田变为牧场，此后外戚逐渐毁坏，只剩里城，开封城开始衰落。

元末暴动中，韩林儿、刘福通的龙凤政权一度在汴梁建都。元军于1359年重新占领汴梁，九年后被朱元璋攻占，称北京。明朝开封的城墙以宋代里城为基础，全城以砖包砌。朱元璋第五子周王朱橚就藩于开封，又建周王府。开封是宋、金故都，在明朝仍被认为有"王气"，有"天下藩封数汴中"的说法。庽王营建的周王府又逾越规制，城门高达五丈，远超"王城高二丈九尺五寸"的标准。周王还一度与侄子朱允炆争夺皇储之位，结果被废为庶人，流放至云南蒙化。燕王朱棣夺位之前，建文帝朱允炆在开封"铲王气"，拆毁王府内的银安殿、唱更楼、尊义门楼，封堵东华门，并进一步毁坏王府外的繁塔，使其仅剩三级。

繁塔是北宋旧物，原有九层，高70余米，又名天清寺塔。天清寺建于显德二年（955），以周世宗柴荣生日天清节为名。柴荣去世，殿前都点检赵匡胤发动陈桥兵变，七岁的废帝柴宗训安置房州（今湖北房县）以前就被软禁在天清寺。974年，天清寺迎奉定

开封繁塔

光佛舍利，寺僧发誓建塔。978 年，原泉漳国主陈洪进施舍银五百两，随行官员随捐，引发民众捐赠热潮，除钱银、石料、佛像外，又捐车、牛、醋、菜等，应有尽有。繁塔历十六年而修成，是六角形楼阁式砖木佛塔，原名"兴慈塔"或"天清寺塔"。因建于"繁台"而俗称"繁塔"，"繁"音"婆"，传说为繁姓人长期聚居之所。靖康之难与蒙金战争中，繁塔屹立不倒，但元人游繁台的诗句称"联镳沽酒上繁台，千古兴亡一回顾。百鸟喧啾塔半摧，荆榛掩映台前路"。"荆榛掩映"说明繁台四周一片荒废，"塔半摧"意味着繁塔已有残损。明初铲王气时繁塔"七级去其四"，最高二级一般认为毁于元初的雷击。繁塔所在的天清寺毁于元末战火，明代天清寺旧址并存有国相、天清、白云三寺。明末李自成军包围开封，明军决黄河水，开封被淹，繁台三寺尽毁，唯三级繁塔尚存。康熙年间重建国相寺，并在三级繁塔上加建七级小佛塔，高不足9米，与原三级佛塔构成编钟及钟纽的造型，非常独特。

虽被列为河南省第一批重点文物保护单位，繁塔仍不断遭受人为破坏，文物部门的保护措施是砌墙封堵塔门。1976年春节塔内木梯被纵火点燃，1978年东基座一角被炸毁。直到1982年，繁塔才启动加固修复工程。繁塔外壁塔砖全部雕塑佛像，一砖一佛是繁塔最引人注目的景观。所存三级共有6925块砖，108种佛像造型，多数为宋代原件，少部分是明代修补的复制品，修复时损坏严重，经安阳某制砖厂老工人模制后修补。

繁塔周围至今仍民居杂处，道路狭窄混乱，驾车难至，十分冷清。但登塔游览，不但可以观赏108种精美生动的佛教砖雕造像，还能看到陈洪进等人的捐施题记、太平兴国年间赵安仁书写的《金刚经》等佛经碑刻，以及金元以来的诗文题记。

三、铁塔及《开封府题名记》碑

2015年我与老沈从开封驱车寻访40公里外的陈桥驿时，经过一座黄河浮桥，但宋代的黄河远在150公里外的澶渊（今河南濮阳）。金代以来，黄河改道南流，开封河患频繁，自然环境遭受严重破坏。据统计，金至清的七百年间，黄河决口五十四次，多次改道。1194年黄河决口，流经开封城北40里处。1391年黄河再次决口，河道在开封北5里，今天黄河河道与开封城也仅相距15公里。明代的1387年、1461年、1642年与清代的1841年河水四次决口侵城，其中1642年明军水灌李自成军，开封人口从三十七万减至三万，今天城

开封铁塔

内的潘家湖、杨家湖等湖泊即这次水淹而成。1841年决口淹城持续半年，一度有迁移省会之议。长期的河患导致开封河道淤塞，航运不通。周围农田淹没，河堤高悬，林木消失，黄沙蔽日，景象荒凉，"遥望之无异沙漠"。1923年康有为游开封，题寺云："远观高寒俯汴州，铁塔繁台与云浮，万家无树无宫阙，但见黄河滚滚流。"

1938年6月日军侵占开封，8月国民党军队决开黄河花园口大堤，开封交通中断。虽然开封城东北的铁塔历经磨难仍威武不屈，但日军攻城时中炮数百发，塔顶宝瓶遭飞机袭击，中弹60余发，遍体鳞伤。新中国成立后，毛泽东称铁塔象征"中国人是打不倒的"，要求"把它修起来"，因此1954年文化部拨专款全面修复铁塔，并开辟铁塔公园。

铁塔所在的开宝寺建于970年，前身是北齐时的独居寺与唐代的封禅寺，北宋礼部贡院曾设于寺内，一度聚集全国举子。1072年，出身贵族的日本天台宗僧人成寻以六十二岁的高龄渡海从杭州登陆，数月后往开封巡礼名刹，又转道山西礼拜五台山。从五台山返回开封后，成寻受宋廷邀请主持译经工作，并在开宝寺居住，直至1081年去世，遗骸葬于天台山。他生前撰写的中国见闻录《参天台五台山记》成为研究宋史的重要史料。开宝寺毁于靖康之难，金代重修改名光教寺，元代称上方寺，明代称祐国寺，清代称大延寿甘露寺，1841年水灾中寺院砖石被拆解护城，此后再未重建。

宋太宗时，开宝寺为供奉佛舍利而建八角十三层木塔，高360尺（合100余米，比现存中国最高的塔定州开元寺塔还高20余米），监造者有《木经》的作者喻皓以及界画大师郭忠恕。木塔号称"天下之冠"，赐名"福胜塔"，宋真宗时因塔顶放光改名"灵感塔"，1044年毁于雷击，1049年宋仁宗下诏重建。为防雷击，改以琉璃砖重建宝塔，形制构造模仿木塔，仍为八角十三层楼阁式建筑，高

繁塔和铁塔塔身上的佛像浮雕

《开封府题名记》碑碑亭

《开封府题名记》碑

55米。由于琉璃釉面呈褐色，远望似铁，俗称"铁塔"。

今天在开封寻宋，不可错过的除了繁塔与铁塔，又有《开封府题名记》碑。该碑原在北宋开封府内，刻有960至1105年共183任知府的姓名，名下附任期与职衔，其中"包拯"两字已被指痕完全磨灭。1105年以后，开封府长官改称府尹，因此另刻《开封府尹题名记》碑，两碑并立于府内。开封府署毁于明末，原址建包公祠后，两碑移入。"文革"时一碑被砸毁，一碑嵌入院墙，后者1971年被重新挖出，现移入开封市博物馆。

相关事件年表

1119　宋定取燕之计。

1120　宋金订"海上之盟"，议定联合灭辽。方腊起义。

1121　宋江起义失败。方腊起义失败。

1122　宋伐辽燕京，失败。金取燕京。

1123　宋与金岁币及代税钱交换燕京及涿、易等六州。

1124　宋复燕、云，敕天下。

1125　辽亡。金攻宋。宋徽宗内禅，太子赵桓（宋钦宗）继位。

1126　李纲退金军，宋金议和。金再侵，围开封，赵桓赴金营求和。

赵姓一家人：巩义宋陵

北宋的皇帝葬在东京开封与西京洛阳之间的巩义。宋代北方的风水学说跟南方有所不同，根据"五音姓利"的理论，皇家的"赵"姓对应五音（宫、商、角、徵、羽）中的"角"音，"角"又对应五行中的"木"行。木主东方，因此需要在东南高、西北低的平川上营建陵寝。巩义宋陵在东南的嵩山与西北的伊洛河之间，分为西村、蔡庄、孝义、八陵四个陵区。赵弘殷的永安陵、赵匡胤的永昌陵、赵光义的永熙陵坐落于西村陵区，蔡庄陵区只有宋真宗赵恒的永定陵，孝义陵区是宋仁宗赵祯的永昭陵与宋英宗赵曙的永厚陵，宋神宗赵顼与宋哲宗赵煦的永裕陵、永泰陵则在八陵陵区。

今天的巩义宋陵只有仁宗永昭陵的地面建筑得以重建，太宗与真宗的永熙陵、永定陵有所保护，其余诸陵散布在农田之间。至于宋徽宗永祐陵所在的绍兴宋六陵，南宋灭亡后就被夷为平地，如今是一片茶园，地面了无痕迹，2018年才重新开展考古发掘工作。

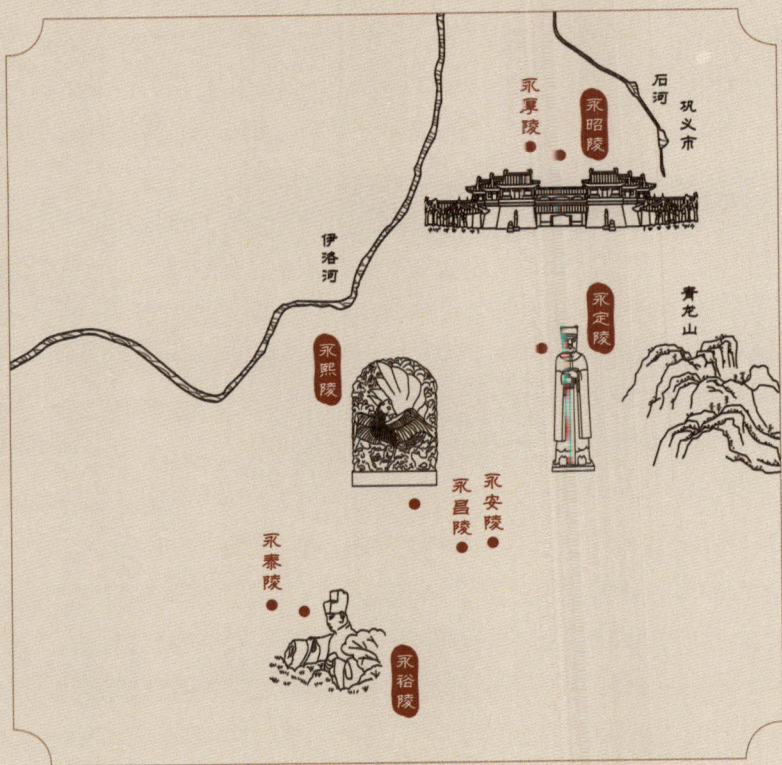

巩义宋陵分布图

永厚陵　永昭陵
石河
巩义市

伊洛河

永定陵
青龙山

永熙陵

永安陵
永昌陵

永泰陵

永裕陵

一、永安、永昌、永熙三陵

虽说是世袭制，但皇帝出生时，父母未必是皇帝与皇后。皇帝原生家庭的情况往往很复杂，北宋由皇后生的太子只有宋钦宗赵桓一例。其他皇帝的家庭状况，说起来都是一地鸡毛。

唐朝灭亡时，赵匡胤的父亲赵弘殷已经九岁。生下赵匡胤时，赵弘殷二十九岁，是后唐禁军的一名将领。他的妻子杜氏应该是财主家的女儿，十二年后，他们又生下赵光义。赵匡胤的第一任妻子贺氏在赵匡胤称帝前就去世，育有一子赵德昭。第二任妻子王氏在赵匡胤称帝后册立为皇后，他们的孩子赵德芳出生于宋朝建立的前一年，虽然从小生活在皇帝与皇后组成的家庭中，但赵德芳没有被立为太子。贺氏虽被追册为皇后，但长子赵德昭的地位比不上赵德芳。王皇后去世后，赵匡胤又娶了第三位妻子宋皇后，宋皇后没有育子。赵匡胤去世后，宋皇后打算立赵德芳为帝，结果被小叔赵光义抢先。背负弑君嫌疑的叔叔对两位侄子有过皇帝轮流做之类的含糊承诺，结果赵德昭兄弟以及他们的三叔赵廷美都死于非命，皇帝轮流做的承诺直到两百多年后赵德芳的六世孙宋孝宗时才算兑现。

宋太宗永熙陵

宋太祖永昌陵石像生

赵光义与皇兄赵匡胤同父同母，据说很受母亲杜氏宠爱，杜氏临终前甚至要求赵匡胤将皇位传给弟弟。赵光义有三位正妻，尹氏与符氏都在他继位前去世，后来都追册为皇后。继位时的妻子李氏正式册立为皇后（明德李皇后），但李皇后的儿子早夭。长子赵元佐与三子赵恒（宋真宗）都是赵光义夺取皇位之前妾生的，他们的母亲李氏是普通嫔妃 而且在赵光义之前去世，赵恒继位后才追尊其为皇后（元德李皇后）。大哥赵元佐后来发疯了，二哥赵元侃一度被立为太子，却突然去世，史书中甚至没有记载他的生母是谁。赵光义后来立赵恒为太子，但李皇后更愿意支持得病的赵元佐，在大臣劝阻下才放弃。总而言之，赵恒出生时距离皇位非常遥远，排在他前面的有叔父、两个堂兄和两个哥哥，嫡母明德李皇后更是拦

宋真宗永定陵

在他与皇位之间的最大障碍。

　　赵弘殷的永安陵、赵匡胤的永昌陵、赵光义的永熙陵坐落于西村陵区，每个帝陵向西北延伸又有祔葬的皇后陵，但先于丈夫去世的皇后往往祔葬于先皇帝陵。赵弘殷与杜太后合葬，但永安陵又祔葬太祖的贺皇后与王皇后、太宗的尹皇后与符皇后四位儿媳。赵匡胤的永昌陵除了祔葬宋皇后，还有侄媳即宋真宗潘皇后的陵墓，赵光义的永熙陵祔葬明德李皇后与宋真宗的生母元德李皇后，还有儿媳即宋真宗郭皇后的陵墓。

二、永定、永昭、永厚三陵

　　蔡庄陵区只有宋真宗赵恒的永定陵。赵恒除了将早期的两位正妻祔葬于伯父与父亲的帝陵之外，永定陵又祔葬三位皇后。三位皇后都出自武人家庭，都非明媒正娶，而且身份卑微。仁宗朝垂帘听政的太后刘娥，本是赵恒贪图蜀女美艳购得的人妻。赵恒为此遭到父亲的严厉训斥，不得不将刘娥安置于府第之外，继位后才重新

迎入宫中。郭皇后去世后，赵恒不顾臣僚的反对，执意册立刘娥为皇后。来自杭州的李宸后本是宫女，偶然侍寝诞下独子赵祯（宋仁宗），母子终身不得相认，真宗去世时仍是普通嫔妃。杨皇后也是真宗继位前所纳，负责抚育赵祯，赵祯继位后尊其为皇太妃，刘娥去世后尊为皇太后。因为隐藏着不可告人的真相，赵祯虽然被当作太子抚养，但家庭氛围总会有些异样。刘太后去世后，赵祯才得知自己的身世，他追册三母为皇太后，将母亲和刘、杨两位皇太后祔葬真宗的永定陵。

虽然怀有敬畏与感念之情，但赵祯无论如何也不能接受刘太后强行为他安排的婚姻。与父亲一样，赵祯好美色，他想娶王蒙正的漂亮女儿，可刘太后偏偏将王氏许配给自己的侄子刘从德。在郭崇的孙女与张美的曾小女两位皇后候选人中，刘太后偏偏择立赵祯不中意的郭氏。赵祯非常不满，专宠张、尚、杨等美人，结果后宫矛盾升级为家庭暴力，郭皇后失手打了赵祯一巴掌。赵祯借郭后无子将其废黜，后来又想念郭氏。郭氏要求重新册立为皇后，结果莫名其妙死于医疗事故，身后虽被重新册立，却未得祔葬于赵祯的永昭陵。郭后去世后，赵祯择立新皇后，他相中了寿州一位陈姓茶商的女儿，但是遭到臣僚们的坚决抵制，只好改立宋初名将曹彬的孙女，这就是祔葬永昭陵的曹皇后。

永昭陵西北的永厚陵，墓主是宋英宗赵曙，他的原生家庭更加特别。赵曙的父亲濮王赵允让是赵光义四子商恭靖王赵元份的儿子，也就是宋真宗赵恒的侄子，一度被赵恒接到宫中养育，宋仁宗赵祯出生后被送还。赵允让生了二十八个儿子，赵曙是第十三子，原名宗实。赵祯子嗣艰难，赵曙四岁时被接入宫中抚养，曹皇后的外甥女高滔滔当时也在宫中，两小儿自幼相识。八岁时赵祯次子出生，赵十三又被送回王府。十六岁的时候，由宋仁宗与曹皇后主婚，赵十三与高滔滔成婚。二十九岁时赵十三再次被接入宫中。

宋神宗永裕陵

宋仁宗永昭陵石像生

在王府的十余年中，赵十三与高滔滔生下三个儿子，长子已经长到十五岁，父亲赵允让在赵十三重回宫中三年前才去世。应该说赵曙的日子谈不上险恶，只是赵祯的妃嫔们每次生育都会刺激濮王府祖孙三代的神经。赵祯的三位皇子都早夭，却生了十三位公主，如果这些信息每次都让赵十三患得患失，那么后来他精神上的某些问题似乎也是可以理解的了。

赵曙继位后不久便精神失常，他与嫡母曹太后闹翻，当了四年皇帝便因病去世。曹太后又过了十二年才去世。赵曙去世前，他的长子赵顼已经成婚。作为皇帝的嫡长子，赵顼打破了皇室与武将联姻的惯例，迎娶了故宰相向敏中的曾孙女。赵顼的前十五年生活在濮王府，难以想象父亲的遭遇给他造成了什么样的影响。他任用王安石变法，首先需要全盘否定仁宗之治，那么这中间会不会隐藏着某种私怨呢？宋神宗赵顼在位时，后宫其实有三位皇后，即太皇太后曹氏、母后高氏，以及自己的皇后向氏。赵顼后来将祖母曹氏安葬在宋仁宗的永昭陵。母后高氏则在赵顼去世后将新法尽行废除，后来由她的孙子宋哲宗将其安葬于宋英宗的永厚陵。

三、永裕、永泰、永祐三陵

赵顼生了十四位皇子，都非向皇后所出。赵煦只是第六子，他的母亲朱氏是卑微的宫女。但赵煦的五个哥哥都早夭，父亲英年早逝，赵煦在十岁时继位。向太后与赵煦的生母朱氏都活到徽宗朝。徽宗的母亲陈氏出身也很卑微，为丈夫守陵悲伤过度而去世。徽宗继位后，追册生母陈氏及哲宗生母朱氏为皇后，祔葬宋神宗永裕陵的皇后包括向氏、陈氏与朱氏，还有神宗儿媳即宋徽宗的第一位正妻王皇后。

赵顼去世时赵煦只有十岁，传说当时高太后考虑过让赵顼的两个弟弟即三十六岁的赵颢或三十岁的赵頵继位。赵煦继位后，太皇太后高氏垂帘听政，高氏废新法，又在赵煦十七岁时为其择立皇后孟氏。成婚的第二年，高太后去世，赵煦恢复新法，冷落孟皇后，宠幸平民出身的刘婕好。刘婕好与孟皇后宫斗，因为孟皇后让姐姐带符水入宫治病等事，在宫中兴起大狱，结果孟皇后被废为女冠（道士）。刘婕好则诞下一子，被册立为皇后。不久赵煦去世，刘氏所生皇子夭折，向太后择立哲宗弟赵佶，又复立孟氏，差点还废黜刘皇后。不久向太后去世，宋徽宗为恢复新法再次废黜孟皇后，刘氏也保住了后位。但刘皇后试图干预朝政，竟被内侍逼得自缢身亡，赵佶将其祔葬于皇兄的永泰陵。至于孟皇后，因为被废为女冠，后来幸免于靖康之难，被伪楚政权的张邦昌重新迎立为宋太后，孟氏又劝徽宗第九子赵构称帝，这一举动，竟成为南宋政权合法性的重要来源。

神宗的第十一子赵佶从未获得过皇储地位，他在意外继位的前一年迎娶王氏，继位后册其为皇后，并生下太子赵桓，组成了完美的皇帝家庭。王皇后去世后祔葬神宗永裕陵，继立的郑皇后与赵佶都在五国城（今黑龙江依兰西北）去世。赵佶与郑氏的遗骸后来被迎回南宋，同被迎回的还有被遥尊为"宣和皇后"的赵构生母韦氏，后来一帝二后都葬于会稽的宋徽宗永祐陵。至于出身完美的宋钦宗赵桓，卒地尚有五国城与燕京（今北京）两种说法，帝陵在巩义还是绍兴也不得而知，陵号"永献"似乎只是一个空名。

相关事件年表

1127　金册立张邦昌为楚帝，虏徽、钦二帝北还，史称"靖康之变"。

　　　　张邦昌迎元祐皇后孟氏听政。

　　　　赵构（宋高宗）在应天府即位。宗泽守开封。

1128　宗泽忧愤卒。

1141　宋金第二次绍兴和议，岳飞遇害。

1142　宋徽宗、郑皇后遗骸自金还。